Price Book-value Ratio Revolution

PBR革命

ESGも情報開示も価値に変える
新しい経営の指標

日経ESG
Satoshi Hanzawa
半澤 智 著

日経BP

はじめに

「ＰＢＲ（株価純資産倍率）が日本企業を変えている」

私は『日経ＥＳＧ』という雑誌の編集部に所属し、日々、企業の取材に飛び回っている。ＥＳＧは、環境・社会・ガバナンスを表わす英語の頭文字を取ったものだ。一般的なビジネス誌と異なり、脱炭素や生物多様性の推進、人的資本の強化、取締役会の活性化など、財務諸表には表れない長期視点の取り組みに注目している。２０２３年の半ばから、冒頭のようなことを思うようになった。

きっかけは、２０２３年3月に東京証券取引所が上場企業に出した企業価値向上の要請だ。東証の要請を受け、多くの経営者がＰＢＲの向上に動き始めた。

「失われた30年」などと言われ、日本はもう成長できないのではないかという諦めの雰囲気が見え隠れしている。ＰＢＲは、そうした雰囲気を打ち破り、起爆剤となる大チャンスではないのか。そう考えて、ＰＢＲにまつわるニュースや、ＰＢＲ向上に奮闘する企業を追いかけるようになった。

ＰＢＲは、企業の純資産に対して株式時価総額が何倍あるかを表わし、企業価値を示す指標の１つである。評価のラインとなるのが1倍だ。ＰＢＲ1倍未満は「1倍割れ」などと言われ、市場から「価値を創出できていない」と評価されていることを示している。つまりＰＢＲ1倍は、経営者がクリアすべき最低ラインである。今後ＰＢＲは、経営者を評価する物差しになっていくだろう。

東証の調べによると、２０２３年12月時点のプライム市場の44・４％（７３６社）、スタンダード市場の58・４％（９４５社）の企業がＰＢＲ１倍割れである。これは大変だ。

投資家の心理が分かる

ＰＢＲについて調べ、取材するうちに、「これは経営者に役立つ指標だ」と思うようになっていった。企業と投資家、過去と未来、実績と期待と、相反する視点が総合されており、経営を評価したり見落としていることを発見できたりする。

特に効果がありそうだと思ったのが、投資家の心理を理解することにつながることだ。投資家はその企業に対して、何をどの程度期待しているのか、経営者はその期待に応えられているのか、こうしたことがチェックできる。

資本が効率的に利益を生み出しているかや、経営課題の発見や改善にも活用できる。さらに、ＥＳＧなどの財務諸表に表れない、見えない価値（非財務価値）と企業価値とのつながりも見えてくる。

「優れた製品・サービスや技術を持っているのになぜ株価が上がらないのか」「ＥＳＧは株価につながるのか」。ＰＢＲが分かるとこうした疑問の解決策が見えてくる。ＰＢＲをうまく活用することで、株価と企業価値の向上につなげることができる。

本書は、ＰＢＲとは何か、ＰＢＲを向上させるには何をすればよいかを解説した。そして、企業のケースを見て、実践で活用できるようにした。

これまで会計や財務、企業価値評価などに無縁だった人でも大丈夫だ。これらの詳しい解説は、専門書に譲る。これまで会計や財務に無縁だった人でもＰＢＲの「肝」が分かり、ＰＢＲ向上に役立てられるようにすることを目指した。ＲＯＥ（自己資本利益率）は「企業による過去の実績」、ＰＥＲ（株価収益率）は「投資家による将来の期待」など、ややこしいアルファベット3文字指標も、経営の現場でイメージがつきやすくなるようにした。

本書の使い方

第1章は、東証が23年4月に上場企業にＰＢＲ改善要請を出してから、本書を執筆した24年4月までの約1年間の主な動きをまとめた。東証が要請を出した背景や、その衝撃度などが分かる。東証の要請って何だ？ という人は、ここを読めばキャッチアップできる。

第2章は、ＰＢＲとは何か、ＰＢＲを上げるにはどうすればよいかを解説する。企業価値とは何か、企業価値とＰＢＲの関係など、基本からひも解いていく。一通り読むと、ＰＢＲを踏まえた経営の分析手法が身につく。財務や会計の知識がある程度あり、企業価値評価の理論を押さえている人は、この章は飛ばしてもらって構わない。

第3章は、PBR向上に取り組む企業のケースである。第2章で見てきた分析手法を使い、企業の課題を探った。取材時には経営者や担当者に課題を問い、企業価値の向上策を探っていった。何をするとPBRは上がるのか、どんなアピールをすると株価が反応するのか、どんな取り組みが企業価値につながるのか。実際の現場を見ていこう。

第4章から第7章は、企業のケースを見ながら、PBRによって何が変わるのかを見てみよう。PBR向上に奮闘する企業を見ていると、変わっていく日本企業の将来の姿が見えてくる。株主総会では、PBR1倍割れの企業の経営者に対して厳しく追及する声が上がる。中堅企業のPBR向上は、プライム市場への生き残りがかかる。低PBRの中堅・中小企業に対する同意なきM&A（合併・買収）も進みそうだ。PBRに注目した投資信託や株式指数も登場し、企業に対する投資家の要求も厳しさを増している。

第8章は、キーパーソンのインタビューをお送りする。この書籍をつくるに当たり、私がどうしても話を聞きたかった人たちである。東証の有識者会議でPBRの議論を主導した元オムロン取締役の安藤聡氏、コーポレートガバナンスの専門家である東京都立大学教授の松田千恵子氏、ESGとPBRをつなぐ方法論を提唱する早稲田大学客員教授の柳良平氏である。

うまく使った企業が株価を上げる

本書は、『日経ESG』のニュース記事、特集記事、連載記事を再構成して加筆したものだ。PBRは株価を踏まえるため、毎日動く。掲載した数値や肩書は、掲載当時のものであることをご了承いただきたい。

『日経ESG』で初めてPBRの特集を組んだのは、2023年4月号「目指せPBR1倍超、成長軌道へ」である。当時、企業の担当者に「御社のPBRについて話を聞きたい」と言うと、やんわりと断られることが多かった。取材のアポ入れに苦労したことを覚えている。

1年後の2024年4月号「PBR向上の心得」では、PBR1倍割れでも取材を受け入れ、企業が積極的にPBR向上策を発信するようになった。企業の変化は、こうしたところにも表れている。

本書を執筆している最中に、日経平均株価が史上初の4万円を突破した。株価上昇の要因は様々あるが、PBR向上に取り組む経営者の奮闘と、それに対する期待が含まれているのは確かだ。この先、PBRを上手に活用する企業が株価を伸ばし、企業価値を上げていくだろう。本書がその一助になれば幸いだ。

半澤 智

目次

はじめに …… 002

第１章「異例の要請」の衝撃 …… 017

東証が３３００社に異例の要請　経営者に株価向上を促す …… 018
G７サミット、日本のガバナンスに注文　「改革」は本物か成果問う …… 021
バブル超え33年ぶり高値　国も東証を後押し …… 025
東証プライム絞り込み　１７７社がスタンダード市場に移行 …… 032
東証、１１１５社の企業リスト公表　市場改革は新たな段階に …… 039

第2章　PBRを知る・PBRを上げる……049
PBRとは何か　投資家の期待に応えているか……050
PBRと企業価値　企業価値・株価・PBRは連動する……055
1倍超えれば大丈夫?　経営者に誤解、東証が再要請……062
PBRを分解する　実績と期待が価値になる……069
ROEを高める　3つの視点で向上策を探る……076
PERを高める　投資家はモヤモヤを嫌う……083
ESGでPBRを上げる　リスクと機会を企業価値にする……090

第3章　PBRが企業を変える……101

三菱ケミカルグループ　社長交代に踏み切る……102
コンコルディアFG・みずほFG　「金利頼れぬ」改革急ぐ……108
富士フイルムHD　ROE未達でも株価上昇……114
NEC　海外投資家が振り向いた……120
荏原製作所　低採算案件見極めROE向上……127
大和ハウス工業　有報に「忸怩たる思い」……133
大日本印刷　社長登場サプライズ……139
【コラム】知っておきたいPBR向上の法則……144

第4章　株主総会が変わる …… 153
LINEヤフー　1倍割れ企業に集中砲火 …… 154
ワキタ　アクティビストが上場廃止迫る …… 161
第5章　中堅企業が変わる …… 171
高千穂交易　利益100%還元で株価3倍 …… 172
三陽商会　黒字転換に満足せず成長訴える …… 179
高島　ガバナンスと後継者計画で覚悟示す …… 186

第6章　M&Aが変わる……197

ニデック　低PBR企業に同意なき買収……198

大正製薬HD　「割安退場」許さず、株主が異議……204

第7章　株式投資が変わる……213

シンプレクス・アセット・マネジメント　新型投信がPBR向上を後押し……214

東京証券取引所　優良150社を選定する新指数……220

第8章　キーパーソンに聞く……225
元オムロン取締役・安藤 聡氏　株価の放置は責任放棄……226
東京都立大学教授・松田 千恵子氏　その経営戦略で勝てるのか……234
早稲田大学客員教授・柳 良平氏　日本企業にＥＳＧの潜在価値……241
おわりに……250

1

「異例の要請」の衝撃

東証が3300社に異例の要請 経営者に株価向上を促す

2023年3月31日の午後3時、東京証券取引所がプライム市場とスタンダード市場に上場する約3300社に通知文を出した。タイトルは、「資本コストや株価を意識した経営の実現に向けた対応等に関するお願いについて」。取引所が、企業経営者に株価を意識した経営を求めるという、異例の要請だ。

東証は、市場再編でプライム上場企業の絞り込みを進めているが、「不十分」とする声は多い。コーポレートガバナンス・コードの改訂などを通じて企業価値向上を促してきたが、市場の評価が高まっているとは言いにくい。海外の主要市場に引けを取らない市場にすべく、経営者に踏み込んだ対応を求めた。

投資家対話、公表促す

東証が要請した内容は主に３つ。資本コストや株価の重視、投資家対話の開示、正確な情報開示である。

目玉は、資本コストや株価を重視した経営だ。東証は、プライム市場の約半数がＲＯＥ（自己資本利益率）８％未満かつＰＢＲ（株価純資産倍率）１倍未満という状況を問題視している。ＰＢＲが１倍を超えるには、株主資本コスト（投資家が期待するリターン）を上回るＲＯＥを実現する必要がある。現状を分析し、

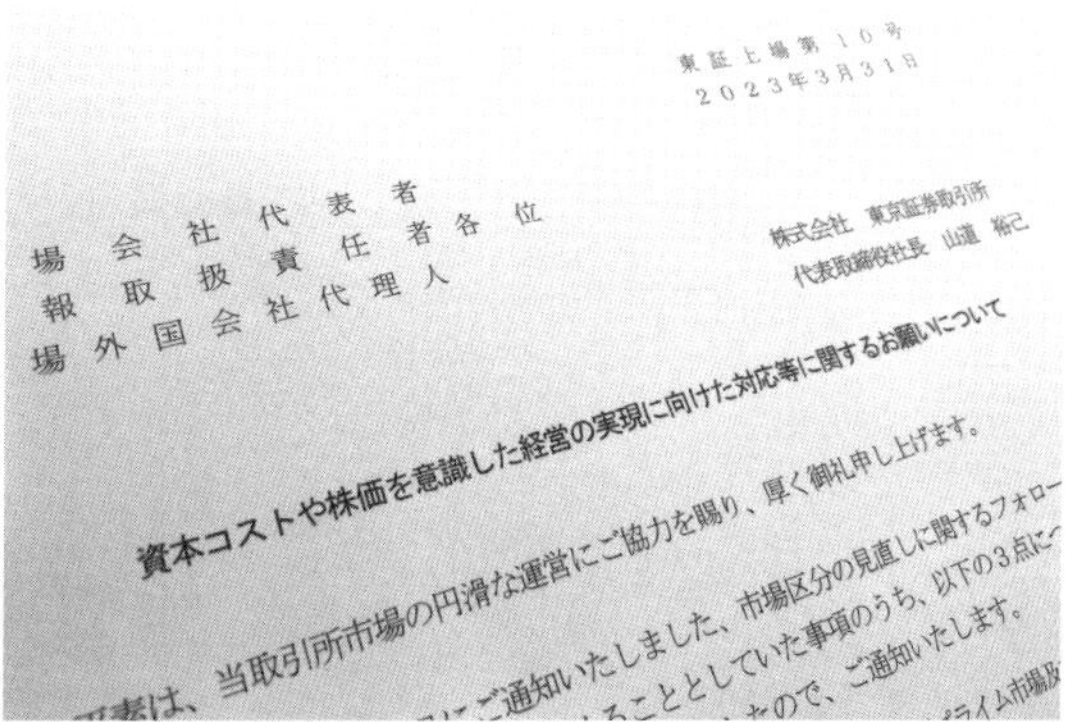

2023年3月31日に東証が上場企業に出した通知文。取引所が経営者に株価向上を求める異例の要請だ

改善計画を立て、進捗を開示するよう要請した。開示時期の定めはないが、「できる限り速やか」な対応を求めた。

企業と投資家による対話の開示も促した。具体的には、投資家対話の対応者、投資家の概要、対話のテーマ、得られた気付き、取り入れた事項などだ。年次報告書やウェブサイトなどでの報告を求めており、コーポレートガバナンス報告書への記載を要請した。

企業価値向上には、投資家との建設的な対話が欠かせない。しかし、対話の内容が公開されることはあまりなく、対話が企業価値向上につながっているか不透明だった。今回、ここにメスを入れた。

投資家対話の前提となる正確な情報開示も要請した。コーポレートガバナンス・コードに掲げられた原則を順守しない場合、その理由を説明する必要がある。しかし、取り組みが不十分にもかかわらず「順守している」とする企業もあり、情報開示の形骸化が指摘されている。「検討中」のまま放置している企業も多く、東証は、3年間「検討中」のまま同じ説明をしている企業数を公表。望ましい説明例なども示した。

G7サミット、日本のガバナンスに注文　「改革」は本物か成果問う

海外の識者は、日本のコーポレートガバナンス改革をどう見ているのか。東京証券取引所や金融庁の取り組みを評価しつつも、実効性と成果を求めている。

2023年5月11日、G7（主要7カ国）財務相・中央銀行総裁会議に合わせて「G7ハイレベル・コーポレート・ガバナンスラウンドテーブル」が開催された。国

内外の経営者、機関投資家、学術研究者など18人が出席し、日本企業のガバナンスの課題を語った。

冒頭、鈴木俊一金融担当大臣が、日本のガバナンス改革について説明。金融庁が23年4月に策定した「コーポレートガバナンス改革の実質化に向けたアクション・プログラム」について、「着実に実行に移していく」とアピールした。日本株のアクティブ運用を手掛ける米カナメキャピタルのトビー・ローズ氏は、「安定から成長への変化がうかがえる。東京証券取引所のＰＢＲ（株価純資産倍率）１

「G7ハイレベル・コーポレート・ガバナンスラウンドテーブル」の様子
写真：財務省

倍超の要請を評価する」と語った。

多くの出席者が課題として挙げたのが、ガバナンスを企業価値に結びつける「ガバナンスの実質化」だ。経済協力開発機構（ＯＥＣＤ）加盟国の経済団体で構成する経済産業諮問委員会（ＢＩＡＣ）のダン・コニグスバーグ氏は、「取締役会の形態などの議論にとらわれるのではなく、企業が持続的に成長するための取締役会を追求すべき」と述べた。

取締役のスキル指摘

ガバナンス実質化のポイントとして、独立社外取締役を挙げる声も多かった。国際コーポレート・ガバナンス・ネットワーク（ＩＣＧＮ）事務局長のケリー・ワリング氏は、「独立社外取締役の実効性と監督責任に注目している」と発言。米ＭＳＣＩマネージングディレクターのニール・エーカーズ氏は、「取締役に気候リスクやデジタル技術など専門的なスキルを持つ人材が少ない」と指摘した。

日本企業からは、日立製作所の東原敏昭会長が出席した。取締役会の懸念点について、「脱炭素、循環型経済、生物多様性などが分かる人材を見つけるのが難しい。今後は人工知能（AI）に関する倫理の議論なども必要となるだろう」と語った。

日本特有のガバナンスへの言及もあった。米コーンウォールキャピタルマネジメントのJC・デ・スワン氏は、「親子上場が強固で、M&A（合併・買収）も少ない」と指摘。米コロンビア大学の日本経済経営研究所ディレクターのアリシア小川氏は、「国内資産運用会社の改革も必要。収益拡大をスチュワードシップ活動の強化につなげるべき」と語った。

日本企業にコーポレートガバナンス改革の成果が求められている。

バブル超え33年ぶり高値
国も東証を後押し

東京証券取引所のＰＢＲ（株価純資産倍率）改善要請が企業の自社株買いや増配につながり、株高を演出した。この動きを長期的な成長に結び付けるべく、東証はさらに手綱を締める。

２０２３年6月13日、日経平均株価が33年ぶりに3万３０００円を超え、バブル期以来の高値を更新した。この株高を演出した要因の１つが、東証が23年３月にプライム市場とスタンダード市場上場の約３３００社に行った「ＰＢＲ１倍超」の要請だ。取引所が企業経営者に株価を意識した経営を求めるという、異例の要請である。

企業と市場は素早く反応した。自社株買いや増配、中期経営計画でＰＢＲに言及する企業などが増え、こうした動きに好感を持った投資家の買いにつながった。

23年5月16日に中期経営計画を発表した京セラは、谷本秀夫社長が、「ＲＯＥ（自己資本利益率）の持続的向上と現在1倍を割っているＰＢＲの改善につなげていく」と発言した。同社として過去最大となる５００億円の自社株買いや、政策保有株式を3年間で簿価の５％以上縮減する方針などを示した。

東京証券取引所のPBR改善要請が株高を演出した
写真：moonrise/stock.adobe.com

23年に入りPBRが0・7倍付近で推移する三井住友トラスト・ホールディングスは23年5月12日に発表した中期経営計画で、「早期にPBR1倍以上（時価総額3兆円以上）」の達成を図るとした。さらに、「我が国の数多くの上場企業がPBR1倍以上となるよう貢献」するとし、この機運をビジネス拡大につなげていく意向を示した。

109兆円の押し上げ効果

株価向上の期待は、中小型株にも及んでいる。スパークス・アセット・マネジメントは23年5月15日から、中小型株を含む企業のガバナンスに注目した投資信託「企業価値創造日本株ファンド」の販売を開始した。

同社では、同様のコンセプトのファンドを14年から販売しているが、純資産総額は19億円程度と伸び悩んでいた。それが今回は、販売と同時に個人投資家を中心に申し込みが急増。設定時の純資産総額は318億円だったが、1カ月後の23年

6月16日には652億円になり、倍増した。

同ファンドが投資するのは、潜在価値が高いと判断した国内約30社で、そのうち中小型株が7割を超える。成長するための企業文化、技術の蓄積、創造性を発揮する人材、経営者のリーダーシップなど、優良な非財務資本を持ちながら市場に十分に説明できていない企業が対象だ。積極的な対話（エンゲージメント）によって企業価値の向上を図り、株価向上につなげる。運用調査本部の川部正隆チーフ・アナリストは、「今後、本当に実力のある企業が選別されていく。そうした企業を厳選し、対話で企業価値を押し上げていく」と話す。

PBRの上昇は、市場の時価総額や株価指数にどれほどのインパクトを与えるのか。

三井住友DSアセットマネジメントの調べによると、23年6月2日時点で東証に上場する1003社がPBR1倍割れである（業績赤字や債務超過の企業は除く）。これら企業のＰＢＲが全て1倍まで上昇したとすると、市場全体の時価総額で１０９兆円、ＴＯＰＩＸ（東証株価指数）で13・９％の押し上げ効果があると試算する。日経平均株価３万１５００円を基準とすると、３万５８７０円まで上昇する。

東証上場全企業のＰＢＲが０・１ポイント上昇したときの市場全体の時価総額の押し上げ効果は７・５％とみている。日経平均株価３万１５００円を基準とすると、ＰＢＲが０・１ポイント上昇すると３万３８５９円に、０・２ポイントで３万６２１８円、０・３ポイントで３万８５７８円になる計算だ。

手綱を締める東証

東証は、この株高を持続的なものとするため、さらに手綱を締める構えを見せている。23年４月25日に東証が開催した「市場区分の見直しに関するフォローアップ会議」では、「今秋を目途に報告・議論を行うことを想定している」とした。

3月期決算企業の株主総会後に提出されたコーポレートガバナンス報告書の内容などを踏まえて、PBRの状況などを再評価し、その後の対策を検討する。資産運用会社の担当者は、「状況次第では、東証がよりきめ細かなガイダンスなどを出す可能性がある」と予想する。

東証を後押しするように、国も動いた。金融庁は23年4月26日に企業が取り組むべきガバナンス施策をまとめた「コーポレートガバナンス改革の実質化に向けたアクション・プログラム」を公表。金融庁

株高を持続的なものとすべく東京証券取引所が手綱を締める
写真：moonrise/stock.adobe.com

はこれまで3年ごとにコーポレートガバナンス・コードを改訂してきたが、この方針を変えた。今後は、企業による自律的な取り組みを促し、株価向上という「成果」をチェックすることで、追加の施策を検討していく。

政策に売りなし――。国の政策に関する銘柄は値上がりしやすくなるという相場の格言だ。今はまさに、取引所と国の「要請」に企業が応え、市場の期待が高まっている状況といえる。この先は、この期待を長期的な企業価値の向上につながれるかどうかに目線が移っていく。企業は、中期経営計画などで掲げた事業ポートフォリオ改革や成長戦略が企業価値に反映されていくことを示していく必要がある。

東証プライム絞り込み 177社がスタンダード市場に移行

東京証券取引所は2023年10月2日、プライム市場に上場する177社がスタンダード市場への移行を申請したと発表した。旧東証第一部市場の上場企業数は2177社だった。22年4月のプライム市場発足時に338社がスタンダード市場へ移行し、今回さらに177社が移行する。旧市場全体の24％が、最上位市場から退場したことになる。

プライム市場のコンセプトは、高い株式流動性とガバナンス水準を備え、グローバル投資家との建設的な対話を実践する企業の市場だ。現状のプライム市場は、このコンセプト通りと言えるのか。日本取引所グループ（JPX）の山道裕己CEO

（最高経営責任者）は23年9月27日に開催した記者会見で、「現時点では、持続的な成長や中長期的な企業価値の向上が十分達成されているか評価できないので、引き続き我々としても取り組んでいかなければいけない」と語り、さらなる絞り込みに含みを持たせている。

対応企業の「一覧表」公開

企業も市場も注目するのが、東証の「次の一手」だ。東証は23年3月、上場企業に対して「PBR（株価純資産倍率）1倍超」を要請した。次はどんな要請を出すのか――。企業も投資家も身構える。

■ プライム上場企業の絞り込みが進む

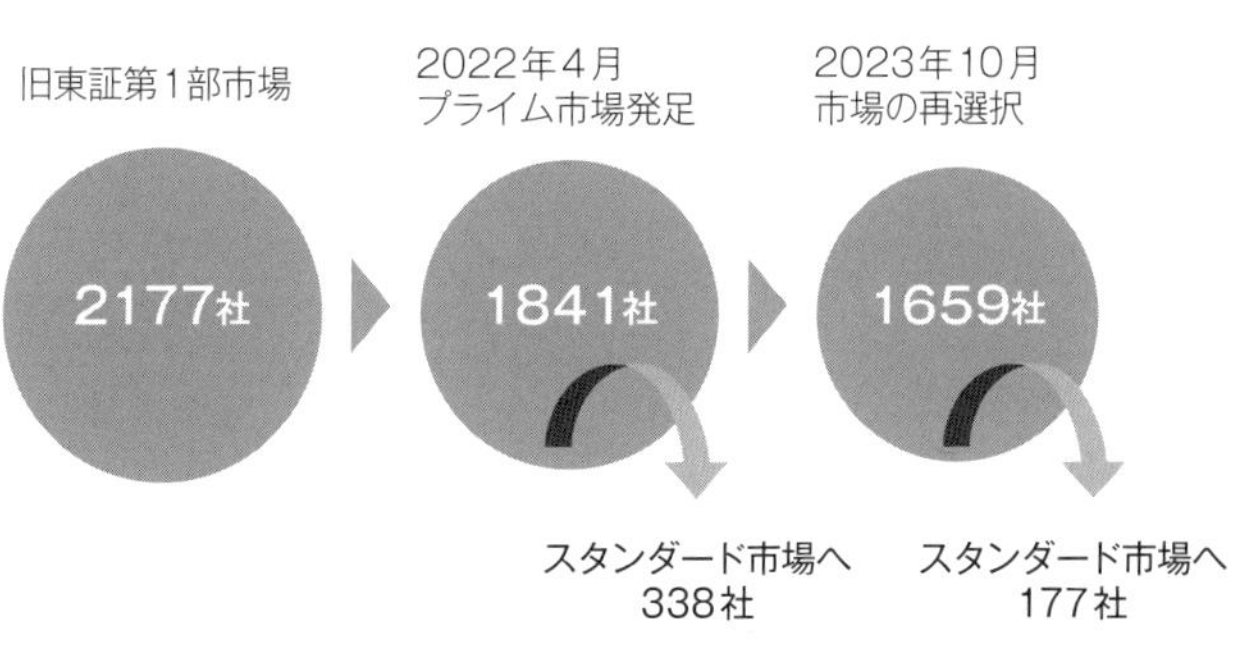

東証の要請を受けて自社株買いを実施したプライム上場企業のＣＦＯ（最高財務責任者）は、「東証のＰＢＲに関する次の要請に注目している。プライム上場を維持するには、要請を経営に取り込んで実践していることを示していく必要があるだろう」と話す。

一方の投資家は期待を高める。外資系資産運用会社の幹部は、「今後の施策でプライム上場企業はさらに絞られるだろう。競争が促され、株価向上につながる」と話す。

東証が23年10月11日に開催した「市場区分の見直しに関するフォローアップ会議」で、東証の次の一手が見えてきた。目玉は、ＰＢＲ向上の対応企業を記した一覧表の公開だ。東証は、企業にＰＢＲ向上を要請するに当たって、方針や取り組み、進捗状況などをコーポレートガバナンス報告書などで開示するよう求めている。これらを開示した企業名をリスト化して公表する。

投資判断や対話に活用

東証に2つの狙いがありそうだ。

1つは、様子見している経営者の後押しだ。東証によると、対応状況を公開した企業はプライム上場企業の31%である。同業や競合他社の開示を見てから対応しようと思っている企業が多いことが分かる。こうした経営者の背中を押す。

対応を「検討中」と記載している企業も多い。東証は、これらの企業について、「一覧表において分類して掲載」するとクギを刺す。こうすることで、検討すると言いながら放置している経営者を浮き彫りにする。「検討中」の継続は許さず、結果が出ない企業には自ら市場からご退場いただく——。東証のこうした思いが透けて見える。

もう1つの狙いが、一覧表を投資家の投資判断や対話(エンゲージメント)に活用してもらうことだ。大和総研の神尾篤史主任研究員は、「企業だけでなく投資家もエンゲージメント方法を模索している。一覧表は企業との対話テーマを設定する際の参考になるだろう」と話す。

ある国内証券会社の担当者はヘッジファンドから、「PBR向上に取り組んでいる企業の一覧表が欲しいと言われた」と打ち明ける。どの企業がどのような施策をしているかを、業種などで横並びにして見ることで、投資判断や投資ウエートの参考にするという使い方だ。

企業がPBR向上の意志や取り組みを開示したタイミングで、株価がどう反応したのかを知りたいというニーズもあるという。こうした情報を企業とのエンゲージメントで使い、企業にさらなる取り組みや情報公開を促すためだ。企業のPBRの向上に注目した投資商品も出てきた。PBR1倍超の実現は、投資家によるエンゲージメントが鍵となっている。

形式と実績が上場基準

情報開示やサステナビリティに関しても、要請がさらに進みそうだ。JPXの山道CEOは、「プライム市場には、社外取締役の比率、気候関連財務情報開示タスクフォース（TCFD）に基づく開示、英文開示などにおいて一段高い水準を求めているが、こういったところに関しては今後も検討していきたい」と話す。

決算短信やIR説明会などの英文開示は、海外投資家から要求がある一方で、対応は企業によって差がある。これが企

山道 裕己氏　日本取引所グループ（JPX）　CEO（最高経営責任者）
写真：中島 正之

業価値と株価のディスカウントにつながっており、英文開示の義務化を念頭に議論が進んでいる。

サステナビリティは、23年6月に政府がプライム上場企業に「25年に女性役員を1人以上」「30年に女性役員の比率を30％以上」という数値目標を掲げた。国際コーポレート・ガバナンス・ネットワーク（ＩＣＧＮ）はこれを歓迎しつつも、「スケジュールを早めるべき」と主張している。

この先、東証が上場企業に出す要請やガイダンスなどが、事実上の上場基準となっていきそうだ。プライム上場企業は、形式はもとより実績も要求される、新たな段階に入る。

東証、1115社の企業リスト公表
市場改革は新たな段階に

「リストの公表を待っていた。企業との対話において、同業他社が進んでいることを示し、経営者に同調圧力を加えやすくなる」

こう話すのは、「PBR1倍割れ解消推進ETF（上場投資信託）」を運用するシンプレクス・アセット・マネジメント運用本部の棟田響マネージング・ディレクターだ。「リスト」というのは、2024年1月15日に東京証券取引所が公表した、PBR（株価純資産倍率）対策を打ち出した1115社の一覧表である。企業が提出するコーポレートガバナンス報告書に、「資本コストや株価を意識した経営の実現に向けた対応」という項目を記載した企業を開示済みとし、「同（検討中）」という項目を記載した企業は検討中とした。報告書に項目がない企業はリストに掲載されない。

シンプレクスのＥＴＦは、ＰＢＲ1倍未満の企業に注目し、投資先企業との対話によって企業価値を上げ、リターンに結び付ける戦略を採る。基準価額は24年に入って上昇基調となり、リスト公表後の24年1月17日には上場来高値の１０６８円を記録した。

東証がリストを公表した24年1月15日、日経平均株価は一時３万６０００円を上回り、33年11カ月ぶりの高値を付けた。株価向上の要因は様々あるが、東証のリスト公表というアクションが市場改革の本気度として市場に伝わり、それが株価向上の一因となった。

株主還元の確かさ予想

　東証が公開したリストには、業種ごとに、企業名、市場区分、開示状況（開示済みか検討中か）、英文開示の有無などが記載されている。東証は毎月、情報を更新していく。

　このリスト、投資家はどのように使うのか。国内資産運用会社の分析担当者は、「対策を公表した際の株価の上昇率・下落率を検証したい」と話す。ＰＢＲ向上宣言に対する市場の反応を、今後の運用に役立てる考えだ。

　例えば、株価が上昇した企業と下落した

東証が2024年1月15日に公表したPBR改善に取り組む企業のリスト

企業で対策にどのような違いがあるのかを見ることで、株価向上につながる対策を探る。そして、企業との対話の場で、同業他社に効果的な提案をしていく。

株主還元の予測や確かさの判断にも使われそうだ。ＰＢＲ改善対策としてＲＯＥ（自己資本利益率）の向上を宣言している企業が多い。例えば出光興産は、26年3月期までのＲＯＥ目標を8％から10％に引き上げた。こうした企業は、自社株買いや増配など株主還元の強化が予想される。その企業の株主構成や財務状況などを併せて分析することで、株主還元の確かさを見極める。

大和総研の神尾篤史主任研究員は、「リストがエクセル形式で公開されたのがポイント。投資家が独自に情報を追加し、銘柄を比較したり分析したりできる。個人投資家も活用してくるだろう」と話す。個人投資家同士で分析結果を共有するといった使い方も想定される。

リスト開示後、リストに掲載された企業とされなかった企業で、株価の反応に違いはあったのか。三井住友ＤＳアセットマネジメントが、それぞれの企業の平均騰落率を調べた。リスト開示翌日の24年1月16日は株式市場が調整色を強めて反落した中、掲載された企業の平均騰落率はマイナス1・03％で、掲載されなかった企業はマイナス1・13％だった。

同社の市川雅浩チーフマーケットストラテジストは、「1営業日だけの結果だが、積極開示している企業の株価は相対的に良好な反応だった。当面は開示の進捗が株価の好材料となり次第に成果が求められるだろう」と予想する。

形だけの開示は淘汰

プライム市場上場企業でＰＢＲ改善対策を開示したのは815社で、同市場の49％だった。3月期決算企業に限ると、23年7月時点の開示状況は31％だったが、23年末に59％となり、ほぼ倍増した。今後もリスト掲載のために対策を公表する企業は増えそうだ。

ただし、開示済みとされた企業の対策を見ると、形式的な内容にとどまっているものもある。対策の説明に「取り組みがまとまり次第、速やかに開示する」「今後、改善に向けた方針を取締役会で議論する」といった一文の記載しかなくても、開示済みとなる。

企業のガバナンス改革は、これまでのコーポレートガバナンス・コード対応から、PBRという実績を追う段階に入っている。コード対応では、全てのコードを順守

PBR改善対策の開示状況

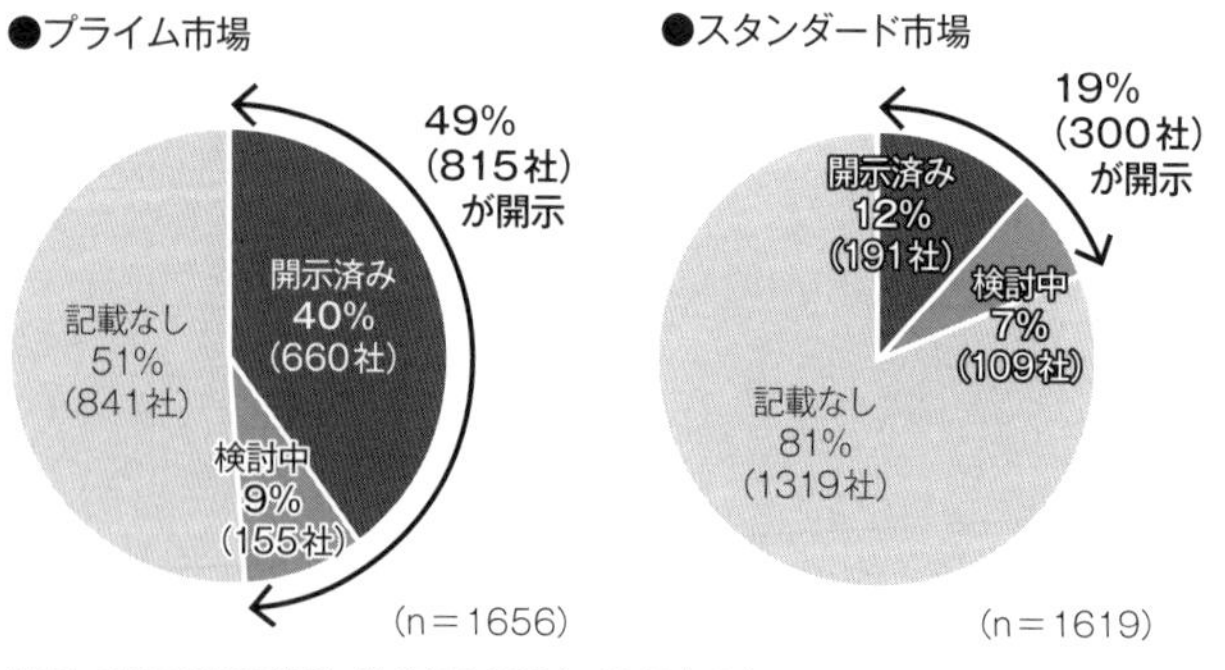

出所：東京証券取引所　数値は2023年12月末時点

する「フルコンプライ」が目的となっており、形式的な取り組みにとどまっている企業が多い。ガバナンスの取り組みが株価向上につながらないことが問題となっている。今回公表されたリストも、言いっ放しや形式的な対応が増えれば、同様の状況に陥りかねない。

東証はこの先、企業が開示したPBR対応を投資家の目にさらすことで、株価向上を促していく。一方で、PBRを高められない企業は、投資家の選別によって市場から淘汰されていく。東証の市場改革は、新たな段階に入った。

PBR向上へ社長交代も

PBR1倍割れの企業は、PBR向上が経営の最重要課題となる。企業が改革を急いでいる。

PBR0・7倍の三菱ケミカルグループは23年12月に、同社初の外国人社長として21年4月から経営を率いてきたジョンマーク・ギルソン社長の退任を発表した。

後任に執行役エグゼクティブバイスプレジデントの筑本学氏を据え、低PBRの要因となっている石油化学事業などの改革を急ぐ。

プライム上場の業種で平均PBRが最も低いのが銀行業だ。PBR0・8倍の三菱UFJフィナンシャル・グループは、24年4月から始める新たな中期経営計画で、企業価値向上を加速させる。同社が23年11月に開催した投資家説明会で亀澤宏規社長は、「ROEをしっかり上げていくことでPBRの改善を目指す」と語り、PBR向上に意欲を示す。

企業が打ち出したPBR向上計画に対する経営者の本気度は――。投資家はそれを見極めようとしている。この先、投資家対話（エンゲージメント）や株主総会、決算説明会などの場面で、株主や投資家が経営者にPBR向上を迫っていくだろう。経営者は、企業価値向上のビジョンと道筋を説明し、結果をPBRで示していく必要がある。

本章は、『日経ESG』の記事を基に再構成した。数値や肩書などは掲載時のものである。

『日経ESG』2023年6月号ニュース「東証が3300社に異例の要請」

『日経ESG』2023年7月号ニュース「「改革」は本物か、成果問う」

『日経ESG』2023年8月号ニュース「異例の要請、33年ぶり高値演出」

『日経ESG』2023年12月号ニュース「企業のPBR対応、一覧公開へ」

『日経ESG』2024年3月号ニュース「PBR向上の本気度、見極め開始」

2

PBRを知る・PBRを上げる

ＰＢＲとは何か 投資家の期待に応えているか

経営者がＰＢＲについて知ることは、企業が投資家と目線を合わせることにつながり、投資家対話や株主総会といったＩＲ（投資家向け広報）の場で、建設的な対話の下地になる。また、経営資源が効率的に利益を生み出しているかや、経営課題の発見や改善にも活用できる。さらに、ＥＳＧ（環境・社会・ガバナンス）などの財務諸表に表れない見えない価値（非財務価値）と企業価値とのつながりも見えてくる。

会計や財務、企業価値評価などの細かい解説は、専門家に譲る。これまで会計や財務に無縁だった人でも大丈夫だ。ＰＢＲの「肝」が分かり、経営に役立てられるようにすることを目指す。

「1倍」が分かれ目

最初はズバリ、「PBRとは何か」を押さえよう。

PBRは、Price Book - value Ratioの略称で、日本語では「株価純資産倍率」と言う。企業の資産（純資産）に対して、市場が付けた値段（株式時価総額）が、何倍あるかを見る指標である。

純資産は、銀行に借りた負債などを含まない資産の総額である。株主が出資した「資本金」や、毎年の利益の蓄積である「利益剰余金」が該当する。つまり純資産は、株主の元手とその元手を使って増やしたお金のことである。銀行などに返済する必要がなく、自分たちが自由に使える「純粋な資

■ PBR(株価純資産倍率)の考え方

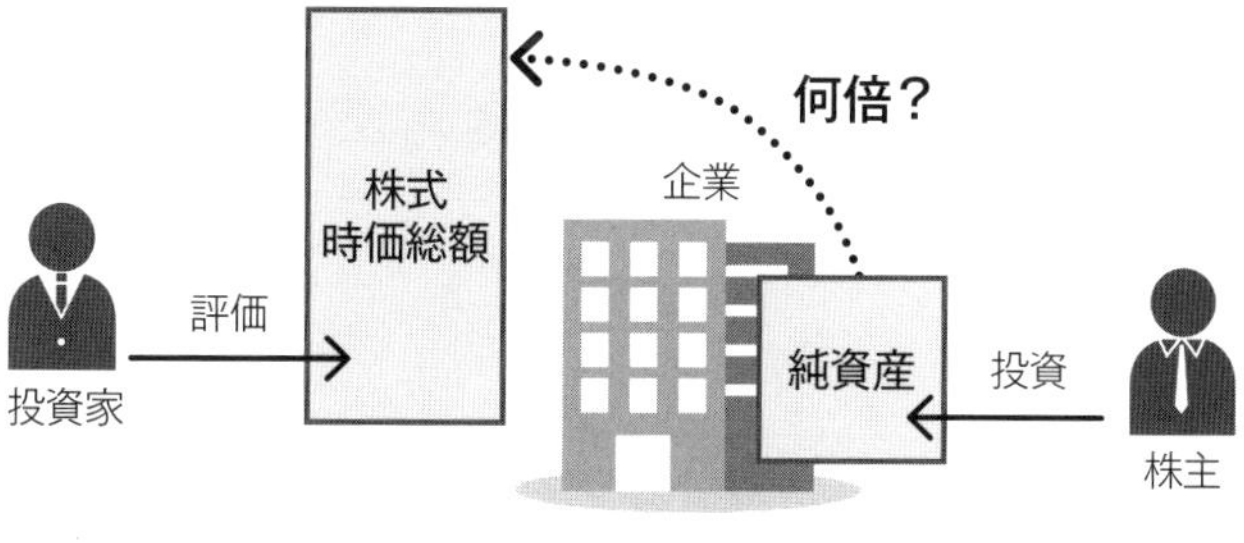

産」というわけだ。

株式時価総額は、企業が発行した株式数にその企業の株価を掛けた額である。投資家が企業を金額で評価したものといえる。例えば、企業が1億株の株式を発行し、市場における株価が1000円だとすると、この企業の株式時価総額は、1億株×1000円で1000億円となる。

PBRは、純資産と株式時価総額を比べたものだ。純資産に対して株式時価総額が何倍あるかで示され、単位は「倍」である。純資産と株式時価総額のそれぞれを発行株式数で割ってもよい。その場合、「1株当たりの純資産」と「株価」を比べることになる。

では、PBRの数値の意味を考えてみよう。PBRを見るときに注目したいのは、「1倍」だ。

PBR1倍は、純資産と株式時価総額が等しい状態である。株主たちが純資産を等分に分配したとすると、その額が株価と同じになる。つまり投資家が、企業の純資産を相応に評価しているということである。

ＰＢＲ1倍超は、株式時価総額が純資産を上回っている状態である。これは市場が、「この企業の価値は、企業が今持っている資産額より大きい」と見ているということだ。

ＰＢＲ1倍未満は、市場が「この企業の価値は、企業が今持っている資産額に満たない」と見ている状態である。ＰＢＲ1倍未満は「1倍割れ」などと呼ばれ、今すぐ企業を解散して純資産を株主に分配した方が価値があるということを意味している。そのためＰＢＲ1倍は、「解散価値」などとも言われる。

２０２３年9月15日時点で、ホンダ、三菱ＵＦＪフィナンシャル・グループ、住友商事、日本製鉄など、日本を代表する企業のＰＢＲが1倍を割れている。こうした企業は投資家から、「この企業の価値は、企業が今持っている資産額に満たない」、つまり、「将来的な成長が見込めない」と見なされているということだ。

ＰＢＲを上げるには、株式時価総額を高め、純資産を小さくすればよい。株式時価総額を高めるには、業績向上や成長期待を高めて株価を上げていく必要がある。純資産を小さくするには、余剰資金を株主還元や将来投資などに活用して経営の効率性を高める必要がある。

投資家の評価を表す

経営者は、ＰＢＲをどう捉えればよいか。ポイントは、ＰＢＲが投資家視点の指標であることだ。経営者はＰＢＲを見ることで、株主の要求に応えられているかや、投資家の期待を集められる企業になっているかを確認できる。経営に投資家の目線を取り入れ、株価を向上せよ――。これが東証のメッセージだ。

「株価」という業績以外の要素が企業価値の要素となっていることに違和感を覚える人もいるかもしれない。しかし、成長機会やリスク対応、知的財産、ブランドなどの財務諸表に表れない価値が、企業価値を左右する。株価はこうした非財務価値を含めた投資家の評価に他ならない。経営者は投資家の声に耳を傾け、株価向上に積極的に関与して企業価値を高める必要がある。ＰＢＲはその評価と実践のツールといえる。

ＰＢＲと企業価値 企業価値・株価・ＰＢＲは連動する

普段よく目や耳にする「企業価値」という言葉には、定義がある。企業価値、株価、ＰＢＲ（株価純資産倍率）という3つの関係を整理しよう。

ＰＢＲは、企業価値の代理指標などと言われる。東京証券取引所が上場企業に通知した「ＰＢＲ1倍超」の要請も、ＰＢＲの向上を通じて、企業価値の向上を促すことが目的だ。今回は、企業価値とは何かを押さえ、企業価値とPBRの関係をひもとこう。

さて、「企業価値」と聞いて何を思い浮かべるだろうか。イメージしてみてもらいたい。自分の所属する企業の企業価値とは何だろうか。

「企業価値」は将来の利益

「売上高」や「利益」を思い浮かべた人がいるかもしれない。企業の「知名度」や「評判」などをイメージした人もいるだろう。

2023年8月、経済産業省が企業価値の定義を示した。同省が公開した「企業買収における行動指針」に記したものだ。指針の定義をそのまま引用すると、企業価値は、「企業が将来にわたって生み出すキャッシュフローの割引現在価値の総和」である。使われている用語が専門的で難しいと感じるかもしれない。1つひとつ確認していこう。

まず、企業価値の対象は、「企業が将来にわたって生み出す」ものである。ポイントは「将来」だ。売上高や利益は過去の実績を表わしたものなので、企業価値の対象にならない。

次に、キャッシュフロー。財務的には定義があるが、ざっくりと「企業活動によって生み出されて手元に残ったお金」とイメージできれば大丈夫だ。単位は、円などの金額の単位になる。知名度や評判はキャッシュフローに影響を与える要

■ 企業価値の考え方

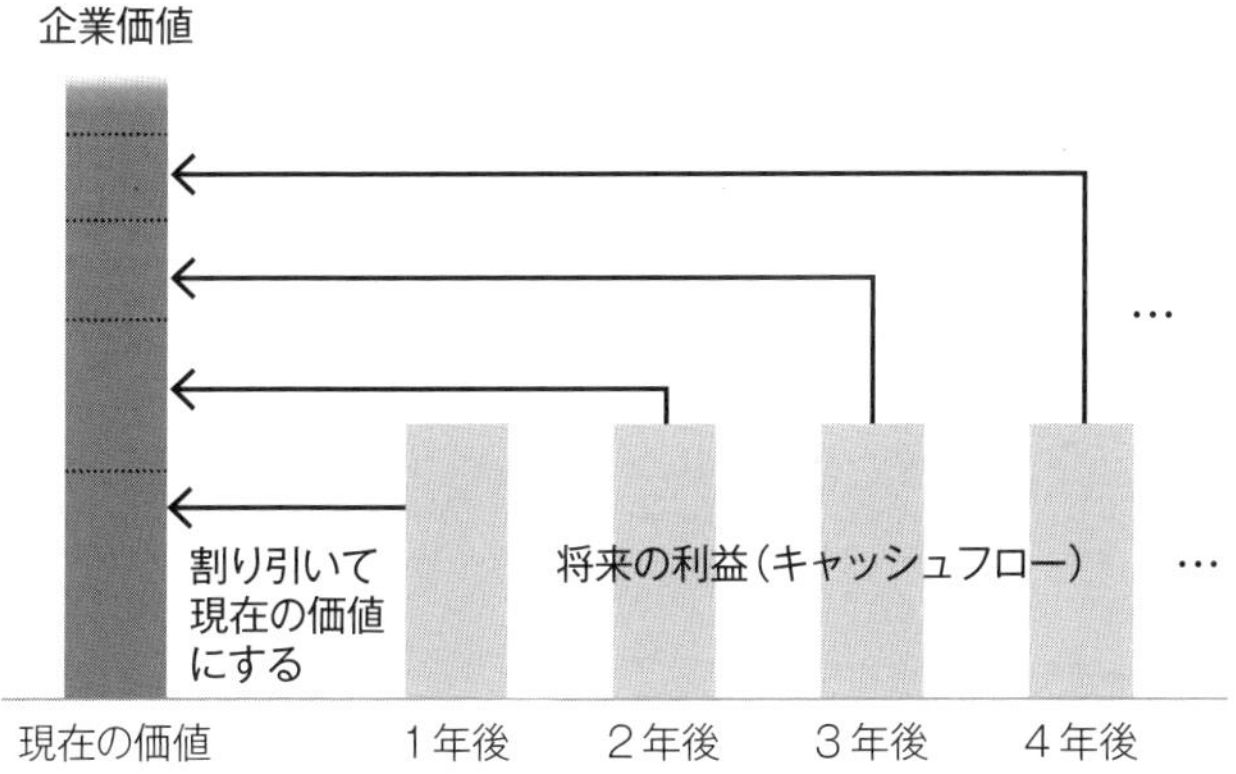

素の1つと言えるが、金額に換算しにくく、企業が将来生み出すキャッシュフローを表しているとは言えない。

最後が、「割引現在価値の総和」である。企業価値は、将来のキャッシュフローを対象にしているので、算出するときに現在の価値に直す必要がある。現在の価値に直す際、何年先のキャッシュフローなのかや株主が要求するリターンを考慮して、キャッシュフローを割り引く。将来の全てのキャッシュフローを割り引いて現在の価値に直し、それらを足し合わせたものが企業価値だ。

つまり企業価値は、「企業が将来生み出すであろう金額を、現在の価値で表わしたもの」である。企業価値の考え方や出し方はいろいろあるが、この考え方は「割引キャッシュフロー法」と呼ばれるもので、投資家が企業価値を算出する際の基本となっている。

一方の企業側は、経営者にこの考え方が浸透していないケースがある。そしてこれが、企業価値の向上が進まない要因となっている。

資産運用会社の投資家対話（エンゲージメント）担当者から、こんな話を聞いたことがある。

エンゲージメントの場で資産運用会社の担当者が経営者に「企業価値をどう上げていきますか」と聞くと、経営者は過去にやってきた慈善事業について延々と話し、それがいかに企業の知名度を上げているかを説明し続けたという。

これは、経営者が企業価値を「知名度」と勘違いしているケースだ。企業ブランドも企業価値の要素の1つではある。しかし、投資家が知りたいのは、この先どの事業にどれだけ投資して、どれくらいのキャッシュフローを生み出し、最終的に企業価値がどうなるかだ。

東証は、企業価値向上のための対話を促進している。しかし、投資家と経営者で企業価値の認識が異なっている状態で、話はかみ合わない。

長期的で持続的な視点が重要

なぜ投資家は、企業価値を重視するのか。それは、企業の理論株価を算出したりM&A（合併・買収）を判断したりする際の基になるのが、企業価値だからだ。

投資家は、割引キャッシュフロー法を使って出した現在価値に、企業が保有する現預金や有価証券などの価値を足して、最終的な企業価値を出す。この企業価値から債権者など株主以外の取り分を引いたものが、株主の取り分つまり株主価値だ。この株主価値を発行済み株式数で割ったものが理論株価になる。

つまり、投資家が算出する企業の理論株価を上げるには、その基となる企業価値を上げる必要がある。企業価値と株価は連動している。

PBRは、株式時価総額を純資産で割った額で表わされる。株式時価総額は、株価と発行済み株式数を掛けた額である。つまり、PBRを上げるには、株価を上げる必要がある。株価とPBRも連動している。

企業価値と株価とPBRの関係

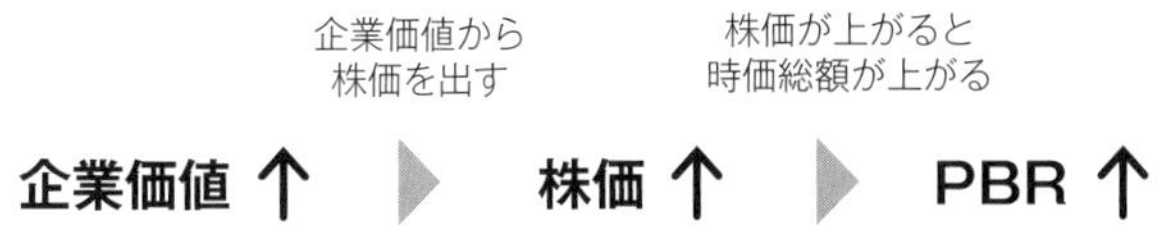

ここまで分かると、企業価値、株価、ＰＢＲの３つの関係が見えてくる。この３つは連動している。ＰＢＲを上げるには株価を上げる必要があり、株価を上げるには企業価値を上げる必要がある。

東証のＰＢＲ改善要請は、上場企業に企業価値の向上を求めたものだ。これは企業に、株価の向上を求めているということでもある。ただ、「株価を上げよ」と直接的に言うと誤解が生まれる。株価は様々な要因が絡み合い、真偽不明な情報や噂などによっても上下する。こうして上がった株価は、すぐ下がる可能性が高く、長期的に株価に反映されるとは限らない。

東証が求めるのは、将来得られるキャッシュフローの持続性を意識した長期的な企業価値の向上だ。実践する事業が将来のキャッシュフローにつながり、ＥＳＧ（環境・社会・ガバナンス）の取り組みなどによってそれらが持続的に得られることを示していく必要がある。

企業価値、株価、ＰＢＲはいずれも投資家による企業の評価である。投資家の考え方や手の内を知ることが、ＰＢＲ向上の第一歩だ。

1倍超えれば大丈夫？経営者に誤解、東証が再要請

「ＰＢＲ（株価純資産倍率）が1倍を超えていれば大丈夫」、そんな誤解が命取りになる。自社の位置を正しく把握することが、ＰＢＲ改善の第一歩だ。

東京証券取引所は２０２３年10月26日に、プライム市場とスタンダード市場の

経営者に、ＰＢＲ改善要請の「趣旨・留意点の再周知」を通知した。これは、23年３月に東証が通知したＰＢＲ改善要請について、改めてその趣旨に対する理解を求めたものだ。

背景には、「ＰＢＲが1倍を超えていれば要請への対応は不要」と考えている経営者の存在がある。企業のＰＢＲ対応の開示を見ると、ＰＢＲが低い企業で開示が進んできた一方で、ＰＢＲが高い企業は相対的に開示が進んでいない。東証は、「ＰＢＲ1倍を超えている場合であっても、株主・投資者の期待、国内外の同業他社との比較」などを勘案し、「更なる向上に向けた取組みについて、積極的な検討・対応」を求めた。

ＰＢＲというと「1倍」が注目されがちだが、1倍は1つの目安にすぎない。では、何倍が適切なのか。そこに一律の答えはない。企業が置かれている状況や、競合他社の存在などを見ながら、自社を評価することになる。

米国は4倍、欧州は2倍

ＰＢＲは、企業の資産（純資産）に対して、市場が付けた値段（株式時価総額）が、何倍あるかを見る指標である。ＰＢＲ1倍未満は、投資家が「この企業の価値は今持っている価値に満たない」と見ている状態だ。ＰＢＲ1倍未満は「1倍割れ」などと呼ばれ、今すぐ企業を解散して純資産を株主に分配した方が価値があるということを意味している。つまりＰＢＲ1倍は、経営者がクリアすべき最低ラインである。

自社のＰＢＲを評価するときは、海外や同業他社との比較が欠かせない。ＰＢＲは株価を反映するので、株式市場の状況によって上下する。その影響は国・地域や業種によって異なるため、同時点の同業他社と比較することで、自社の立ち位置を把握し、目標を確認できる。

国・地域によるＰＢＲの違いを見てみよう。22年7月時点における米国

PBR（株価純資産倍率）の海外比較

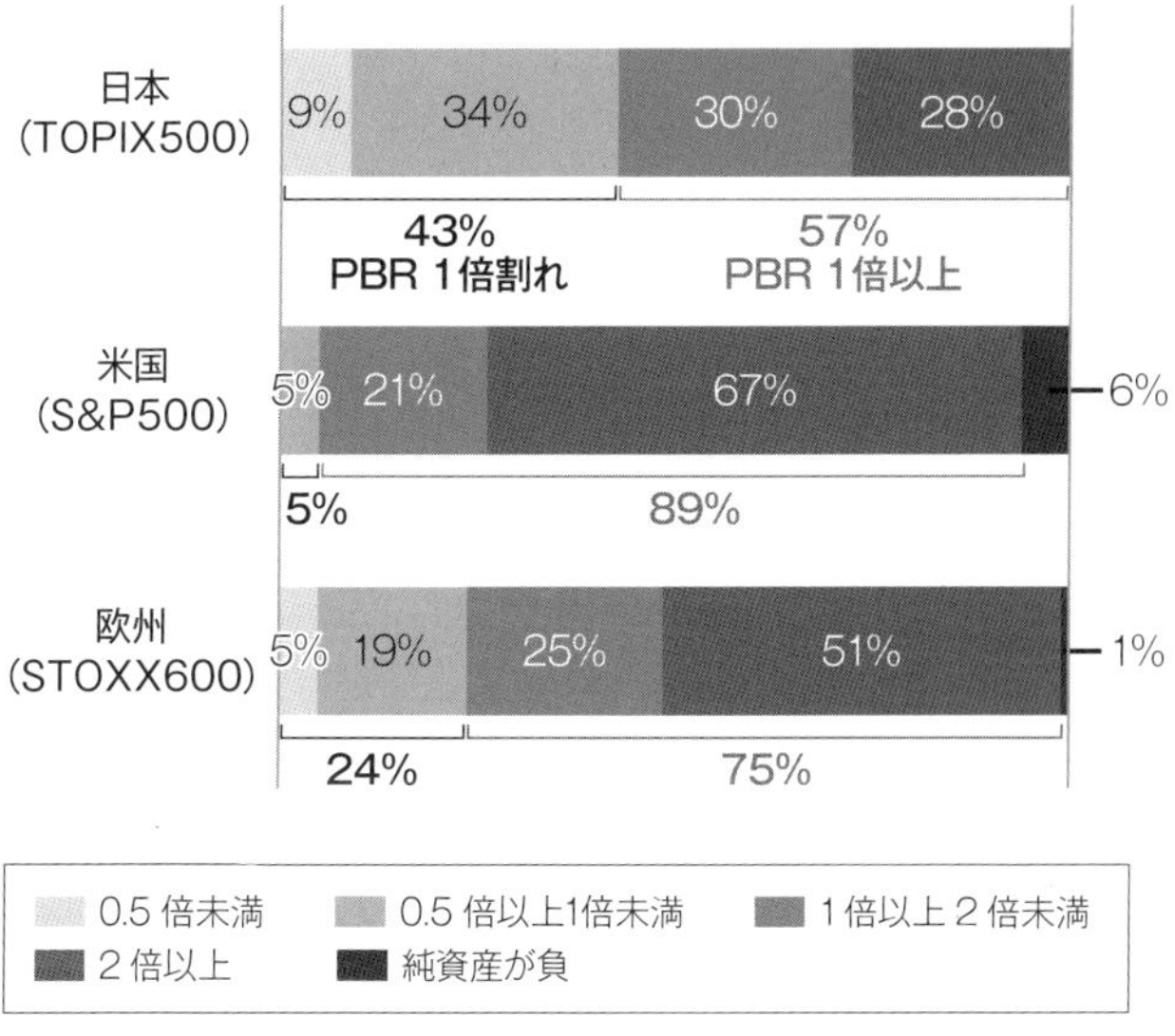

出所：東京証券取引所　2022年7月時点

S&P500、欧州STOXX600という主要株価指標の構成企業に注目すると、PBR1倍割れ企業の割合は米国が5%、欧州が24%に対して、日本（TOPIX500）は43%を占める。PBRは市場動向によって上下するが、近年の主要企業の平均PBRは大まかに、米国が3〜4倍、欧州が約2倍、日本が約1倍である。

投資家は、その企業の業績や将来性を評価し、株価が割安か割高かを判断するための材料としてPBRを使う。つまり投資家は、日本企業は業績や将来性に対する評価が低く、全体的に割安と評価しているということである。

割安という評価は、「今買えばお買い得」ということでもある。企業にとって大事なのは、低い株価がずっと続くのではなく、この先、向上するということを市場に示していくことだ。市場に割安に評価されていながら、実力を持つ企業はたくさんある。そこで、成長の道筋を示して投資を呼び込む。これが東証のPBR改善要請の意図である。

投資家に存在感を示す

自社のPBRを正しく評価するには、同業他社との比較が欠かせない。PBRは業種によって大きく異なるからだ。例えば、23年10月時点のプライム上場企業の平均PBRは、情報・通信業が2・1倍と最も高く、銀行業が0・4倍と最も低い。

情報・通信業などのIT企業は一般的に成長期待が高く、PBRが高い。この傾向が顕著なのが米国である。23年6月末時点の米マイクロソフトのPBRは12・3倍、米アップルの23年9月末時点のPBRは42・8倍である。米国市場は、これらIT企業がけん引している。

日本では銀行業のPBRが低い。これは、銀行の株価が日銀の金融政策に左右されることが要因となっている。低金利政策を続けている日本は、銀行にとって厳しい経営環境といえる。金融政策に依存せずに稼ぐ力を高めるためのビジネスモデルの変革が、急務になっている。

みずほフィナンシャルグループのPBRは0・7倍である。23年6月の株主総会では、株主から「みずほ独自の対策は取っているのか」という質問が経営陣にぶつけられた。同社の役員は、「PBR1倍割れは将来成長しないと見られているということ。早期に1倍超を目指す」と答え、コンサルティング事業の強化などで稼ぐ力を高める意向を示した。

投資家が投資ポートフォリオを考える際、国や業種を考慮するのが一般的だ。つまり、特定の国の、特定の業種で、選ばれる企業になれるかどうかがポイントとなる。企業の評価指標は様々あるが、その中でPBRは、実力と期待があり、投資家の要望に応えられている企業であることのアピールになる。

PBR1倍は、経営者に求められる最低ラインだ。その上で投資家に選ばれるには、業種で存在感を示す必要がある。さらにグローバル市場で戦う企業は、

ＰＢＲ３～４倍をベースに海外の競合を見据えることになる。ＰＢＲは１倍を超えればそれでよいというわけではない。１倍はスタートラインにすぎない。

ＰＢＲを分解する 実績と期待が価値になる

ＰＢＲ（株価純資産倍率）向上の第一歩は、ＲＯＥ（自己資本利益率）とＰＥＲ（株価収益率）に分解して考えることだ。企業と投資家、過去と将来、財務と非財務の視点が踏まえられる。

自社のＰＢＲを上げるにはどうすればよいか。ＰＢＲは株式時価総額÷純資産で表わされるため、株式時価総額を高めて、純資産を少なくすればよい。しかしこれだと、企業が実践する事業との関係が見えにくい。

ＰＢＲ向上の第一歩は、企業を俯瞰して、どこに課題があるかを把握することだ。そこで役に立つのが、ＰＢＲをＲＯＥとＰＥＲに分解する方法である。ＰＢＲは、ＲＯＥとＰＥＲの掛け算で表される。こうすることで、企業と投資家、過去と将来、実績と期待など、対立する要素を整理しながら課題を見つけ、解決策を考えることができる。

東京証券取引所の要請により、ＰＢＲの向上策を公表する企業が増えてきた。ＰＢＲをＲＯＥとＰＥＲに分解し、それぞれの指標の推移を見ながら自社の課題を捉え、今後の目

ROEとPERに分解して考える

PBR ＝ ROE × PER

ROE：自己資本利益率　PER：株価収益率

▼　▼

企業による⟷投資家による
過去から現在の⟷将来の
実績⟷期待

PBR（株価純資産倍率）：株式時価総額÷純資産
ROE（自己資本利益率）：当期純利益÷自己資本（純資産）×100
PER（株価収益率）：株式時価総額÷当期純利益

標を掲げる企業も出てきている。こうした定量的な情報開示は、投資家への説得力が増す。

PBR、ROE、PER――。いずれも似たようなアルファベット3文字で、それぞれのイメージや違いが分かりにくいかもしれない。これらの意味を解きほぐしていこう。

数値を上げるのは誰か

ROEは、当期純利益÷自己資本（純資産）で表わされ、株主資本からどれだけ効率的に利益を生み出したかを示す指標である。過去から現在の実績で、資本から利益を生み出す効率性を測る。

一方のPERは、株式時価総額÷当期純利益で表わされ、今の企業の収益力と比べて将来どれくらいの収益拡大が期待できるかを示す指標である。企業の成長性とリスクを踏まえ、この先どれだけ利益が向上するかという期待を測る。

理解を進めるため、少し乱暴かもしれないが、それぞれの指標を一文で説明してみよう。ＲＯＥは「企業による過去から現在の実績」、ＰＥＲは「投資家による将来の期待」と理解してもよいだろう。

こう考えるとＲＯＥとＰＥＲは、指標の主体、期間、価値の対象が異なることが分かる。

まず、指標を上げる主体は誰なのかを考えてみよう。ＲＯＥは「企業」で、ＰＥＲは「投資家」である。

ＲＯＥのポイントは、企業の意思によって高めることができるという点である。売上高の増加、費用の削減、自社株買いなど、企業の自助努力で高めることができる。そのため投資家がＲＯＥの低い企業を見ると、「経営者は企業価値を上げる意思がないのか」「株主に利益を還元する意思がないのか」と考える。

一方のＰＥＲは、株価によって数値が左右されることから、企業が意図的に操作することはできない。ＰＥＲを向上させるのは、株価を決める市場の投資家である。投資家による企業の評価や期待が株価を上げ、それがＰＥＲ向上につながる。

ＰＢＲ向上は、企業と投資家の両者によって実現するものだということが分かる。

投資家は将来を見る

企業を評価する期間も異なる。ＲＯＥが「過去から現在」で、ＰＥＲが「将来」である。

ＲＯＥは、損益計算書の当期純利益と貸借対照表の自己資本から導き出される。損益計算書は過去の一定期間の成績を示すもので、貸借対照表は過去の一時点の財務状態を示すものである。つまりＲＯＥは、過去から現在までの実績を評価した指標である。

一方のＰＥＲは、視点が将来にある。投資家が知りたいのは、保有している株式の価値、つまり株価が将来、上がるかどうかである。投資家が企業価値を算定する際に予想するのが、その企業が将来もたらすであろう利益（キャッシュフロー）だ。投資家が注目するのは、企業の過去ではなくむしろ将来である。

それぞれの指標が価値として示す内容も異なる。ＲＯＥが示すのは「実績」で、ＰＥＲは「期待」である。

ＲＯＥは前述のように、過去から現在を記録した財務諸表の数値を基にしており、これは実績と言い換えることができる。

PBRはROEとPERに分解するのがコツ。写真は戸田建設の資料

一方のPERは、財務諸表の数値とともに株価を含んでいる。そのため、投資家の期待という目に見えないものが価値となる。PERの高い企業は、投資家が「これから成長する期待が高い」と考えているということである。

期待の中身は投資家それぞれが判断するが、そこには、ESG（環境・社会・ガバナンス）も含まれる。ESGは、将来のための取り組みであることが多い。将来起こるであろうリスクに対応できており、収益の維持・拡大につながることをアピールする。それが投資家の期待につながればPERが上がり、PBRも上がる。ESGという非財務も企業価値に結びついている。

バランスの良い指標

PBRをROEとPERという2つの指標に分解し、それぞれの指標の意味を解きほぐしてみた。こうして見るとPBRは、企業と投資家、過去と将来、財務と非財務の視点を含んだバランスの良い指標であることが分かる。

ＰＢＲを異なる視点で評価することは、自社の弱点を知り、改善点を考える際に役に立つ。ＲＯＥが低い企業は本業が弱かったり、投資家に対する利益還元の意識が弱い可能性がある。ＰＥＲが低い企業は、成長期待を醸成できておらず、投資家へのアピールが弱いかもしれない。こうしたことを把握できれば、具体的な解決策が見えてくる。

ＲＯＥを高める3つの視点で向上策を探る

自社のＰＢＲ（株価純資産倍率）を上げるには、ＲＯＥ（自己資本利益率）とＰＥＲ（株価収益率）に分けて考えるのがコツである。

ＰＢＲの向上は、ＲＯＥを高めていくのが王道だ。具体的に何をすればよいか、

ROEを深掘りすると見えてくる。ROEを高める方法を見ていこう。

ROEは、当期純利益÷自己資本（純資産）で表わされ、株主資本からどれだけ効率的に利益を生み出したかを示す財務指標である。「企業による過去から現在の実績」と理解すればよい。

ROEは、投資家が最も注目する数字である。分母の自己資本は、株主が出資した資本金や、毎年の利益の蓄積である利益剰余金が含まれている。株主にとって自己資本は、株主の元手を使って増やした、返済する必要のない自分たちのお金である。投資家はROEを見て、自分たちが企業に委ねた資金が有効に使われているかをチェックする。

米議決権行使助言会社のインスティテューショナル・シェアホルダー・サービシーズ（ISS）は、2024年2月以降の株主総会における日本向けの助言方針を改定した。過去5年の平均ROEが5％を下回り、かつ直近年度のROEが

5％未満の場合、経営トップの取締役再任に反対を推奨する。PBRと同じく、ROEも数値で経営者が評価される。

アクティビストの狙い所は

ROEを高めるポイントは、ROEを売上高純利益率、総資産回転率、財務レバレッジという3つの要素に分解してみることだ。言葉が少し難しいと感じるかもしれないが、それぞれ、企業の収益性、効率性、安全性と捉えてほしい。順番に詳しく見ていこう。

売上高純利益率は、売上高に対する当期純利益の割合である。どれくらい利益率の高いビジネスをしているかが分かる。企業は、利益が出そうな事業に投資することでビジネスを拡大していく。しかし、競合の出現や市場の縮小などで次第に利益率は落ちていく。利益率の低い事業を持ち続けると、いくら売っても利益が出ない状態になる。製品やサービスに付加価値を付け、利益率の高い事業にすることで、ROEは上がる。

総資産回転率は、企業の総資産に対する売上高の割合である。どれだけ資産を有効活用できているかが分かる。単位は「回転」で、「1回転」や「2回転」などと示される。例えば、総資産回転率が2回転の場合、企業が持つ全資産を稼働させると年間で資産2つ分の売り上げが上がるということである。数値が大きい方が、資産活用の効率性が高い。

ROEを3つに分解して深掘りする

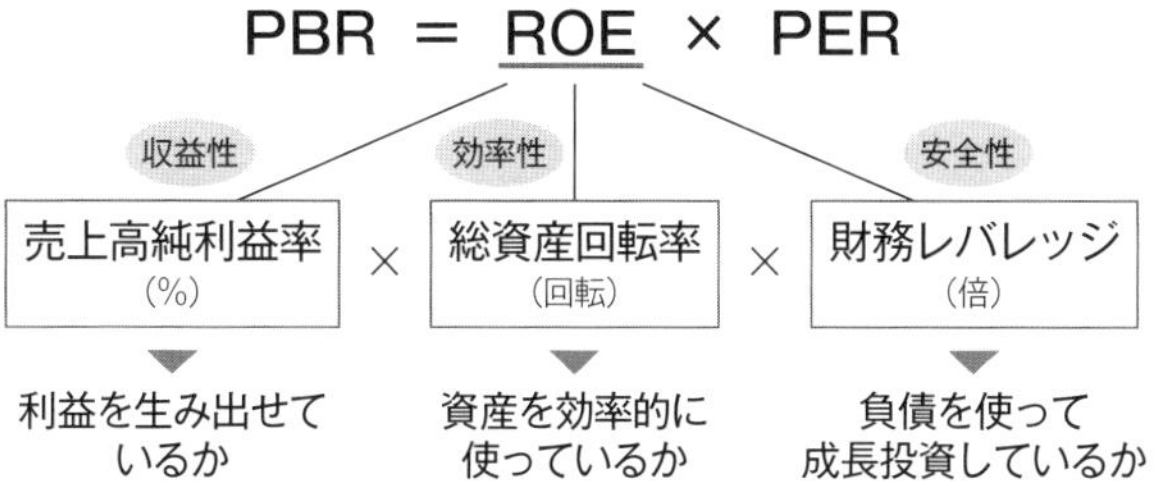

PBR（株価純資産倍率）：株式時価総額÷純資産
ROE（自己資本利益率）：当期純利益÷自己資本×100
PER（株価収益率）：株式時価総額÷当期純利益
売上高純利益率：当期純利益÷売上高×100
総資産回転率：売上高÷総資産
財務レバレッジ：総資産÷自己資本

総資産回転率は、稼働していない資産（遊休資産）があると低下する。過剰になっている在庫を削減したり、利益創出にあまり関与していない土地、建物、設備、有価証券などを売却したりすればＲＯＥは上がる。アクティビスト（物言う株主）は、ＲＯＥを低下させる要因となっているこうした資産に目を付け、売却を迫る。

財務レバレッジは、自己資本に対する総資産の割合である。単位は「倍」で、自己資本の何倍の資産を持っているかを見る。借り入れや社債など返済すべき資金（負債）の多さから、経営の安全性を判断する。

一般的には、負債は少ない方がよい。負債が増えると、負債の返済リスクを背負うことになるからだ。しかし、成長のためには投資が不可欠だ。そのため財務レバレッジは、負債を使った資金調達をしているかという指標でもある。財務レバレッジが高い企業は、負債を積極活用する成長意欲が旺盛な企業ともいえる。

東京証券取引所が公表した23年3月期決算企業の決算短信集計によると、22年度のプライム上場企業の平均ＲＯＥは、全産業ベースで９・２％である。製造業は８・８％、非製造業は９・９％である。３つに分解した数値は、売上高純利益率が５・１％、総資産回転率が０・６回転、財務レバレッジが３倍である。

王道は利益率の追求

ＲＯＥは業種によって水準に差がある。固定資産への多額な投資が必要となる製造業と、そこまで多額の投資を必要としないＩＴ（情報技術）企業のＲＯＥを比べるのは意味がない。分解した3指標も、自社の過去と比較して推移や改善状況を見たり、競合と比べて弱点を確認したりするといった使い方がよいだろう。

レバレッジは、「てこ」の意味である。小さな力で重い物が持ち上げられるように、負債を活用することで大きな事業が展開できるようになる。そして、負債をてこにＲＯＥも上げることができる。例えばソフトバンクのＲＯＥは25・４％と高い。同社のＲＯＥを分解すると財務レバレッジは６・３倍で、競合のＮＴＴは同３倍、

ＫＤＤＩは同２・３倍である。高ＲＯＥの要因が、財務レバレッジの高さであることが分かる。

財務レバレッジに頼り過ぎた経営には注意が必要だ。かつて米国の航空会社などでは、自社株買や増配などの株主還元のために負債に依存し、ＲＯＥを高める経営が実践された。米ブルームバーグ通信によると、米アメリカン航空グループは19年までの10年間に１２５億ドル（約１兆８５００億円）の自社株買いを実施し、ＲＯＥは一時２００％を超えた。一方で財務体質は脆弱

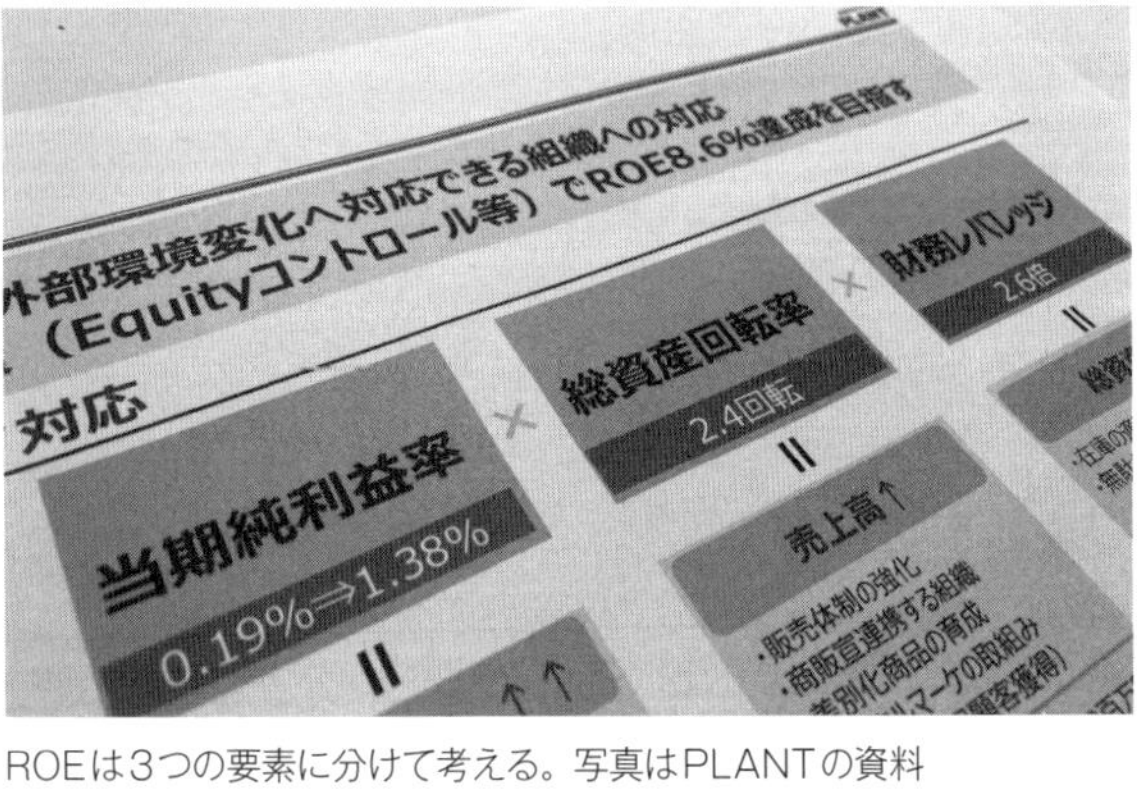

ROEは3つの要素に分けて考える。写真はPLANTの資料

になり、資金繰りが困難になっていった。こうした中、20年に新型コロナウイルス感染症の影響が直撃し、政府が支援に乗り出す事態となった。

ROE向上の王道は、収益性と効率性の向上である。両者を高めてPBRを向上させる意識が必要だ。

PERを高める投資家はモヤモヤを嫌う

PBR（株価純資産倍率）を向上させるには、PER（株価収益率）を高める意識も必要だ。ここにESG（環境・社会・ガバナンス）とIR（投資家向け広報）の出番がある。PERを高める方法を見ていこう。

東京証券取引所は2024年1月、上場企業のIRを支援する専門部署を開設した。企業のＩＲ活動を後押しし、ＰＥＲ向上を狙った取り組みといえる。企業のＰＥＲ向上を市場全体のＰＢＲ向上につなげたい考えだ。

ＰＥＲは、株式時価総額÷当期純利益で表わされ、今の企業の収益力と比べて将来どれくらいの収益拡大が期待できるかを示す指標である。企業の成長性とリスクを踏まえ、この先どれだけ利益が向上するかという期待を表わす。少し乱暴かもしれないが、ＰＥＲは「投資家による将来の期待」と理解すればよいだろう。

ＰＥＲは、ＲＯＥ（自己資本利益率）とは異なり、企業の努力だけで上げることはできない。ＰＥＲを構成する要素に株式時価総額、つまり株価を含んでいるからだ。企業がいくら良い業績を上げても、投資家がそれを評価し、結果が株価に表れなければ、ＰＥＲは上がらない。

優れた製品・サービスや技術を持っており、業績も悪くないのになかなか株価が上がらないと感じている経営者は多いかもしれない。そうした企業は、ＰＥＲが低いケースが多い。では、どうすればいいか。PERを分解するとヒントが見えてくる。

経営の「解像度」を上げる

詳しい説明は専門書に譲るが、PERは「資本コスト－利益成長率」の逆数で表わすことができる。つまりPERを上げるには、資本コスト（株主資本コスト）を抑えて利益成長率を高めればよい。東証のPBR改善要請を受けて、2つの改善策を示す企業が増えてきた。

例えば、24年3月1日時点のPBRが0・47倍の日本郵政は、PBR改善に向けた要

PERは株主の期待やリスクが含まれる

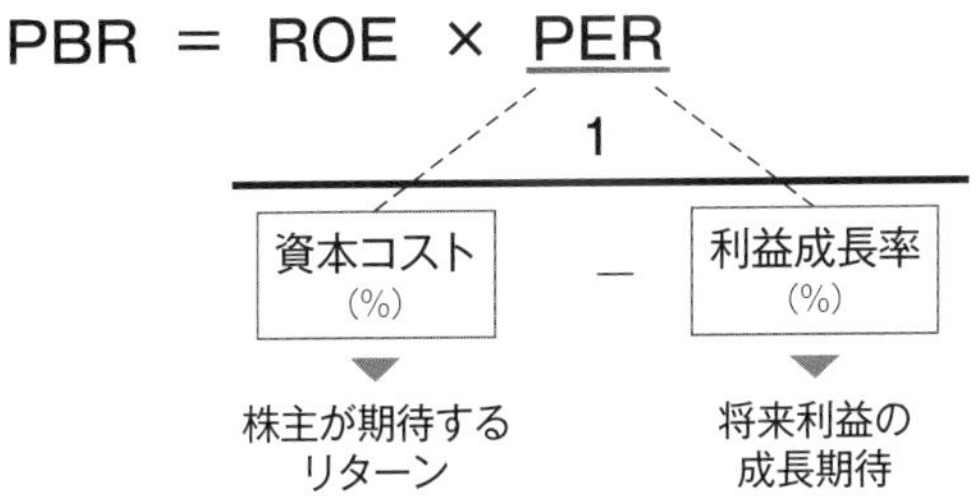

PBR（株価純資産倍率）：株式時価総額÷純資産
ROE（自己資本利益率）：当期純利益÷自己資本（純資産）×100
PER（株価収益率）：株式時価総額÷当期純利益

素としてＲＯＥ、株主資本コスト、将来利益の期待成長率の３つを示し、それぞれ強化策を打ち出した。

　株主資本コストは、株主が企業に要求するリターンである。投資金額に対してどれだけリターンが欲しいかという割合を示す。企業から見るとそのリターンは、株主に毎年支払うコストになる。

　一般的な投資家は、リスクが高い投資に対して、高いリターンを要求する。価値が上がるか下がるか分からないリスクが高い商品に投資するのだから、それだけ高いリターンを要求するわけだ。

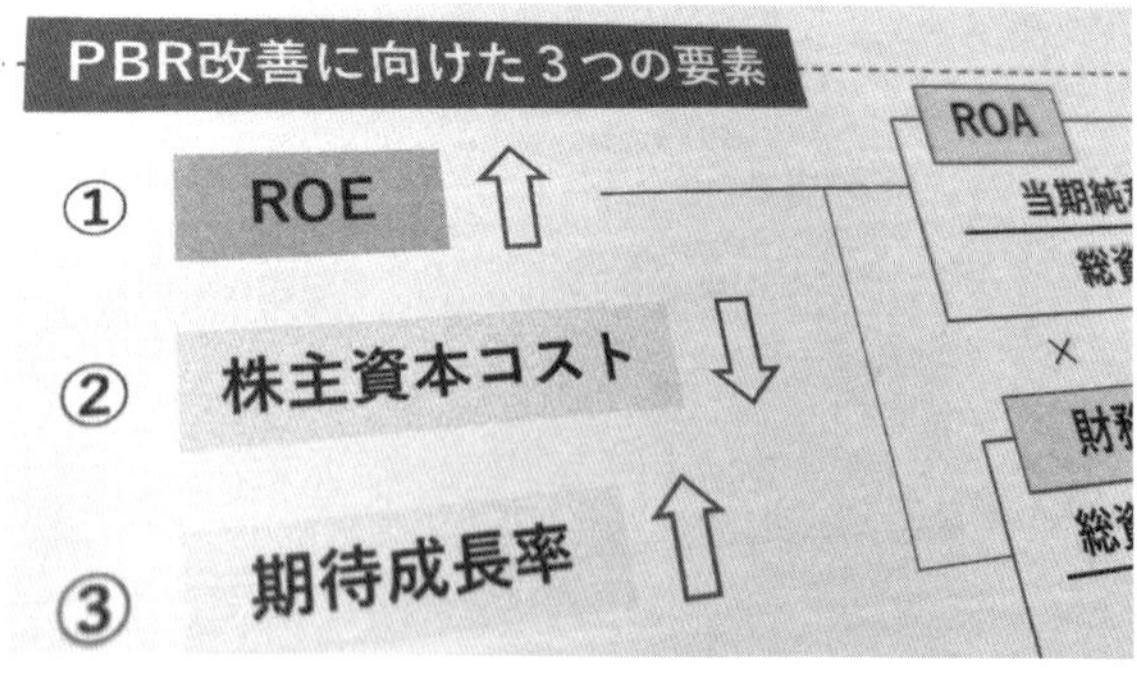

株主資本コストを抑え、利益の期待成長率を上げる。日本郵政の資料

株主資本コストを抑えるには、投資家が「この会社の経営は将来が見通せず投資リスクが高い」と思わせせないようにする必要がある。ここに、ＩＲやＥＳＧの役割がある。

情報開示や投資家対話などのＩＲ活動は、株式市場の期待を適切にコントロールする効果をもたらす。投資家に経営の不透明さを与えないようにするとともに、過度な期待を抱かせないようにする。これが株主資本コストの低減につながる。環境や社会などのＥＳＧの取り組みは、将来やってくるであろうリスクへの備えに他ならない。強化することで経営の透明さや確実さが高まり、株主資本コストを抑えられる。

投資家が投資をためらうのは、企業の将来が見通せず、投資すべきかどうか判断できないときである。この先どうなるか分からないモヤモヤした状態を解消し、企業の方向性や見通しがハッキリ見えるようにする必要がある。ＩＲを通じて経営の「解像度」を高めるという意識が、PER向上につながる。

企業のESG評価を株主資本コストに反映する企業価値評価を実践している投資家の1社が、資産運用会社の東京海上アセットマネジメントである。ESG評価が高い企業の株主資本コストを低く見積もることで、企業価値が高くなりPBRも高まる仕組みである。

期待や将来見通しも価値

PER向上のもう1つの要素が、利益成長率である。企業の利益が高まり続けていくことを示すことができれば、PERは上がる。

そのためには、成長事業を持っており、次の成長事業に投資しているかがポイントとなる。縮小市場やシェアを取れない市場に投資を続けても利益率は高まらない。投資家が事業ポートフォリオや成長戦略に注目するのはそのためだ。ROEが株主資本コストを上回る状況をつくった上で将来利益の成長を示すことができれば、ＰＢＲは向上する。

24年1月時点のプライム市場の平均ＰＥＲは17倍である。ＰＥＲは業種によって大きく異なる。例えば、情報・通信業の平均ＰＥＲは25・7倍、銀行業は8・7倍である。ＩＴ（情報技術）企業のＰＢＲが高いのは、ＩＴ企業に対する成長期待の高さが大きく、それがＰＥＲの高さに表れている。

一方の銀行業は、長期にわたる低金利政策が銀行の収益を圧迫しており、これがＰＥＲの低さにつながっている。金利に頼らずに収益を上げるビジネスの強化が課題といえる。企業が自社のＰＥＲを評価する際は、業種平均や競合他社と比べてみるのがよいだろう。

ＲＯＥが業績を基にした数値から導き出されるのに対し、ＰＥＲは投資家による期待や将来見通しといった目に見えないものを対象としていることに、違和感を持つ人もいるかもしれない。しかし、こうした見えない要素が企業価値に結びついており、意識することでPBRを高めることができる。投資家の期待に応えられているか、IRやESGの活動は企業価値に結びついているか、PERでチェックしてみてほしい。

ESGでPBRを上げる リスクと機会を企業価値にする

ESG（環境・社会・ガバナンス）を株価やPBR（株価純資産倍率）につなげるにはどうすればよいか。投資家が使う企業価値の算出式がヒントになる。

「環境や社会に良い取り組みをしています」。こう考えてESGの取り組みを実践したりアピールしたりしている企業は多いだろう。ただ、その取り組みは企業価値につながっているだろうか。ESGは非財務で数値で表しにくく、将来のどこで効果が表れるのかも見通しにくい。とはいえ、漫然としたＥＳＧの実践はＣＳＲ（企業の社会的責任）と捉えられ、投資家の心には響かない。ＥＳＧを企業価値につなげる方法を見ていこう。

投資家の算出式を意識

投資家が考える企業価値には定義がある。企業価値は、企業が将来生み出すであろう利益を、現在の価値で表わしたものである。これを具体的にすると、キャッシュフロー÷（資本コスト－利益成長率）という3つの要素で表わされる。

■ 企業価値にはリスクと機会が含まれる

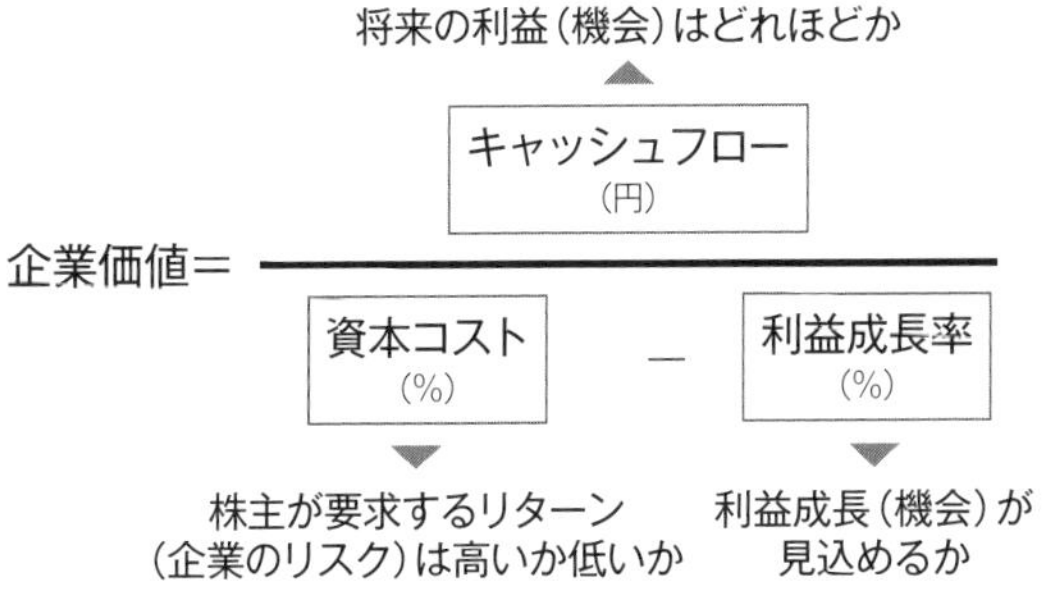

投資家は、この算出式を用いて企業価値を出し、理論株価を導き出す。キャッシュフローは将来の利益、資本コスト（株主資本コスト）は企業のリスク、利益成長率は利益の成長性である。ESGがこの3つのどこかに効くことを示すことができれば、企業価値は上がる。

脱炭素の取り組みを例に考えてみよう。「製品製造時の温室効果ガスの排出を減らしました」というだけの報告は、企業価値に結びつかない。この取り組みが利益につながっており、リスク低減をもたらし、将来成長につながることを示す必要がある。商品の脱炭素が付加価値となって売り上げにつながることを示すことができれば、投資家は分子のキャッシュフローを上方修正する。同様に、原材料や販売先を確保できなくなるリスクが回避できており、成長市場の販売が期待できることを示すことができれば、企業価値は上がる。

女性管理職を増やす取り組みはどうか。「政府の要請をクリアしました」という開示は最低ラインの報告といえる。企業価値を上げるには、利益の拡大や新商品・サービスの創出、離職リスクの低下につながることを示す必要がある。

ガバナンス体制の構築は、これら環境や社会の取り組みを推進するための前提となる。市場の変化に対応できる能力が取締役会に備わっていることが投資家に評価されれば株主資本コストの抑制につながり、企業価値が上がる。将来利益の向上には、取締役会において長期戦略の策定・実行の議論が欠かせない。

従業員や取引先などにＥＳＧを訴求する際は、また違ったアピールになるかもしれない。企業価値を向上させるというシーンで意識すべきは、投資家だ。投資家は、「どんな活動が企業価値に効くか」を見極めようとしている。そこに応えていく必要がある。

NECは2023年度の統合レポートで、ESGについてこの算出式に沿った報告をしている。キャッシュフローや利益成長率の向上につながる取り組みとして、再生可能エネルギーから生まれる余剰電力アグリゲーション事業や人工知能（AI）を活用した農業支援などを紹介。株主資本コストの低減につながる取り組みとして、自社の脱炭素やセキュリティ、ガバナンスの取り組みなどを挙げている。ESGのどの事業・取り組みが企業価値につながるのかを示しており、投資家を意識した情報開示になっている。

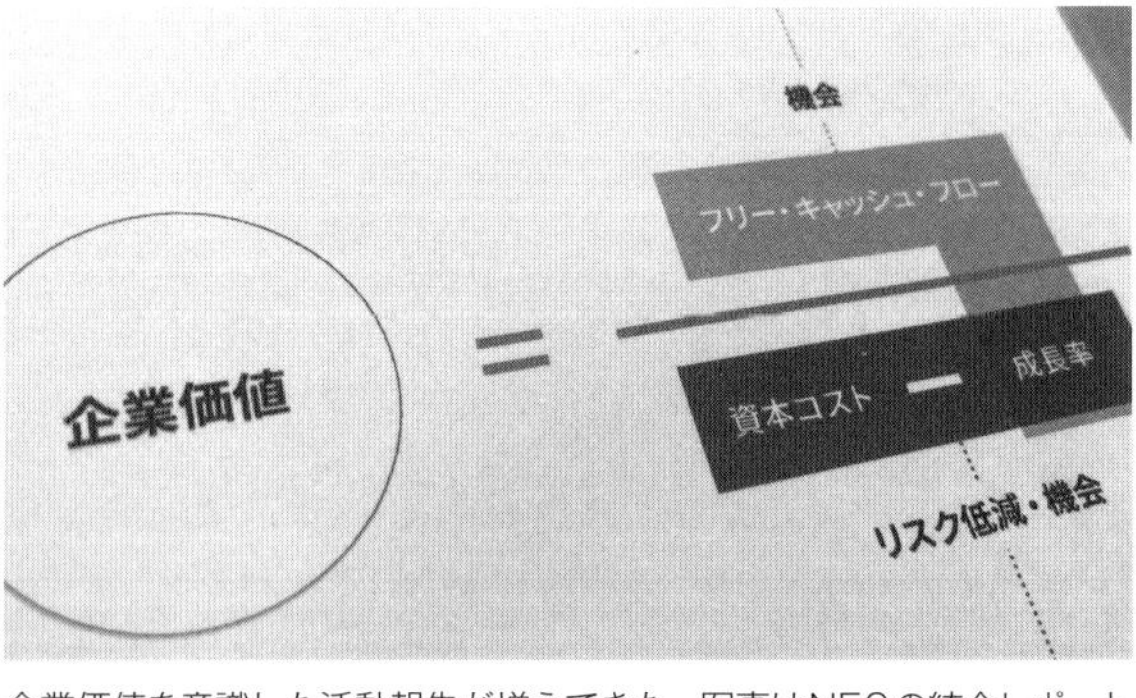

企業価値を意識した活動報告が増えてきた。写真はNECの統合レポート

要するに「リスクと機会」

算出式というとやや難しいと感じるかもしれない。そういう場合は、「リスク」と「機会」という2つを意識すればよいだろう。気候変動に関する情報開示枠組みである気候関連財務情報開示タスクフォース（TCFD）や、自然に関する情報開示枠組みの自然関連財務情報開示タスクフォース（TNFD）は、企業にリスクと機会の開示を求めている。これはまさに、リスクが株主資本コストに、機会がキャッシュフローと利益成長率につながっているからだ。

どのESGの取り組みが、何年後にどれほどの効果をもたらすのかを数値で示すのは難しい。しかし、投資家はこうしたESGの見えない価値を重視している。企業の情報開示の巧拙が、企業価値を左右するようになってきている。

何年後にPBRがどれだけ上がるかという関係性を示す試みも進んでいる。その１社がエーザイだ。ＥＳＧのデータとＰＢＲを照合し、両者の相関性を調べた。人件費を１割増やすと５年後のＰＢＲが13・８％、女性管理職比率を１割改善すると７年後に同２・４％、育児時短制度の利用者を１割増やすと９年後に同３・３％上がるなどの結果を示した。こうした開示も、ＥＳＧを踏まえて企業価値を算出する投資家へのアピールになる。

ＰＢＲは、ＲＯＥ（自己資本利益率）とＰＥＲ（株価収益率）に分けることができる。ＥＳＧがこの２つの指標につながるかという視点でチェックしてみてもいいだろう。過去と将来、企業と投資家、財務と非財務という対立する要素を踏まえて確認できる。

期待と実績のサイクルを

ＲＯＥは、企業による過去から現在の実績である。ＥＳＧが利益につながれば、ＲＯＥは上がる。ＰＥＲは、投資家による将来の期待である。ＥＳＧがリスク低下につながると投資家が評価すればPERが上がり、それがPBRの向上につながる。

ESGは将来を見据えた活動であることが多く、短期的な利益に結びつきにくい。しかし、ESGの取り組みが長期的な経営リスクの低減と事業機会の創出につながることを示すことができれば、期待が上がって株価とPERが上がる。そして、その期待を利益という形で示していければ、ROEも上がっていく。こうした企業価値向上のサイクルを意識した、長期視点の取り組みが求められる。

経営者は本気でESGを実践し、投資家に効果を伝える努力をすべきだ。長期視点の戦略や取り組みも、企業価値につなげる意識が必要である。

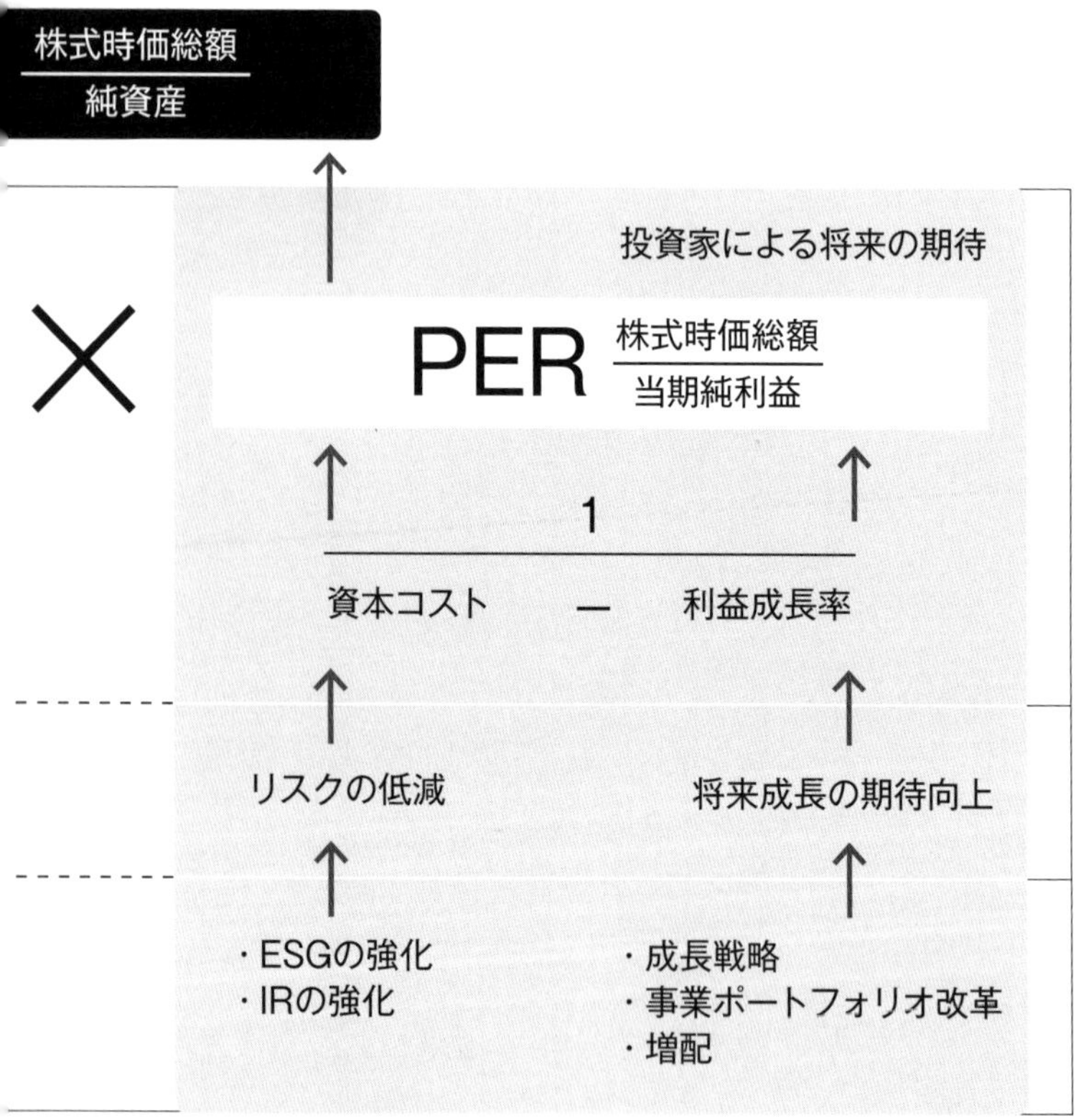

PBR：株価純資産倍率
ROE：自己資本利益率
PER：株価収益率
IR：投資家向け広報

■ PBR向上チャート

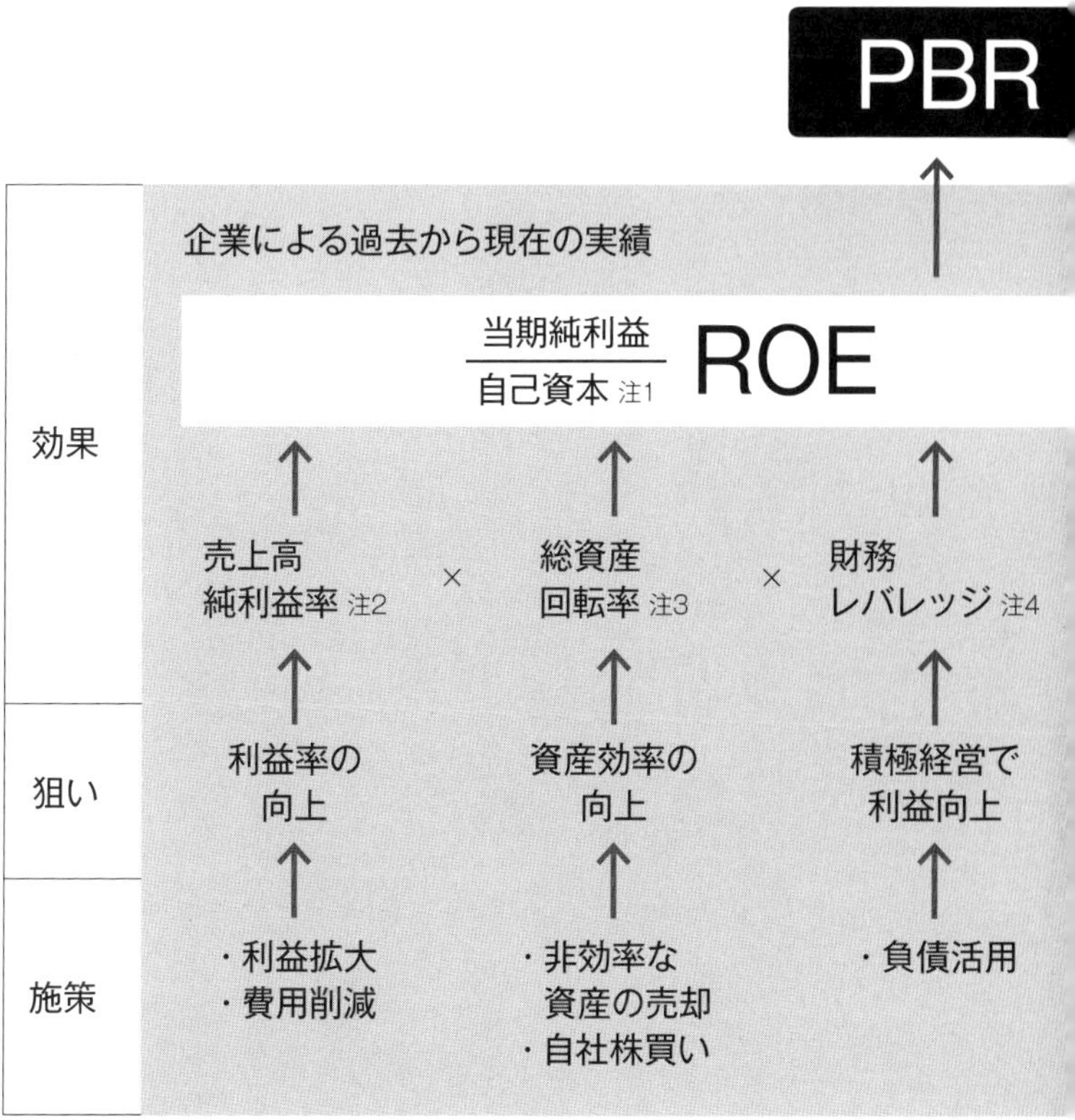

注1：ROEの分母の自己資本は純資産と同じとして考える
注2：売上高純利益率＝当期純利益÷売上高×100
注3：総資産回転率＝売上高÷総資産
注4：財務レバレッジ＝総資産÷自己資本

本章は、『日経ＥＳＧ』の記事を基に再構成した。数値や肩書などは掲載時のものである。

『日経ＥＳＧ』２０２３年11・12月号、２０２４年１・３・４・５・６月号連載「学び直し講座 企業価値向上に活かすＰＢＲ」

3

PBRが企業を変える

三菱ケミカルグループ社長交代に踏み切る

突然の社長交代だった。三菱ケミカルグループは2023年12月22日、同社初の外国人社長として21年4月から経営を率いてきたジョンマーク・ギルソン氏が24年3月末で退任すると発表した。新社長には副社長の筑本学氏が就く。

社長交代の背景には、同社の低いPBR（株価純資産倍率）がある。24年2月8日時点のPBRは0・7倍で、近年は1倍割れが続いている。大きな要因となっているのが、国内石油化学（石化）事業だ。脱炭素の波が急加速しており、石油化学製品の需要低下につながっている。石化事業は汎用品が多く低採算で、中国をはじめとする海外企業にシェアを奪われている。

状況打開のため、他の国内化学メーカーを巻き込んだ業界再編を進める意向を示していた。「社内の人間に事業は切れない。海外の目でバッサリやってもらう」。ギルソン氏の社長就任にはこうした意図があった。しかし、市場環境の変化は予想以上に速かった。同社の指名委員会は、社長交代という決断を下した。

株価が示す投資家の不安

ＰＢＲは、ＲＯＥ（自己資本利益率）とＰＥＲ（株価収益率）から成る。同社のＲＯＥは６・４％で、業界平均の７・１％

■ 三菱ケミカルグループのPBR

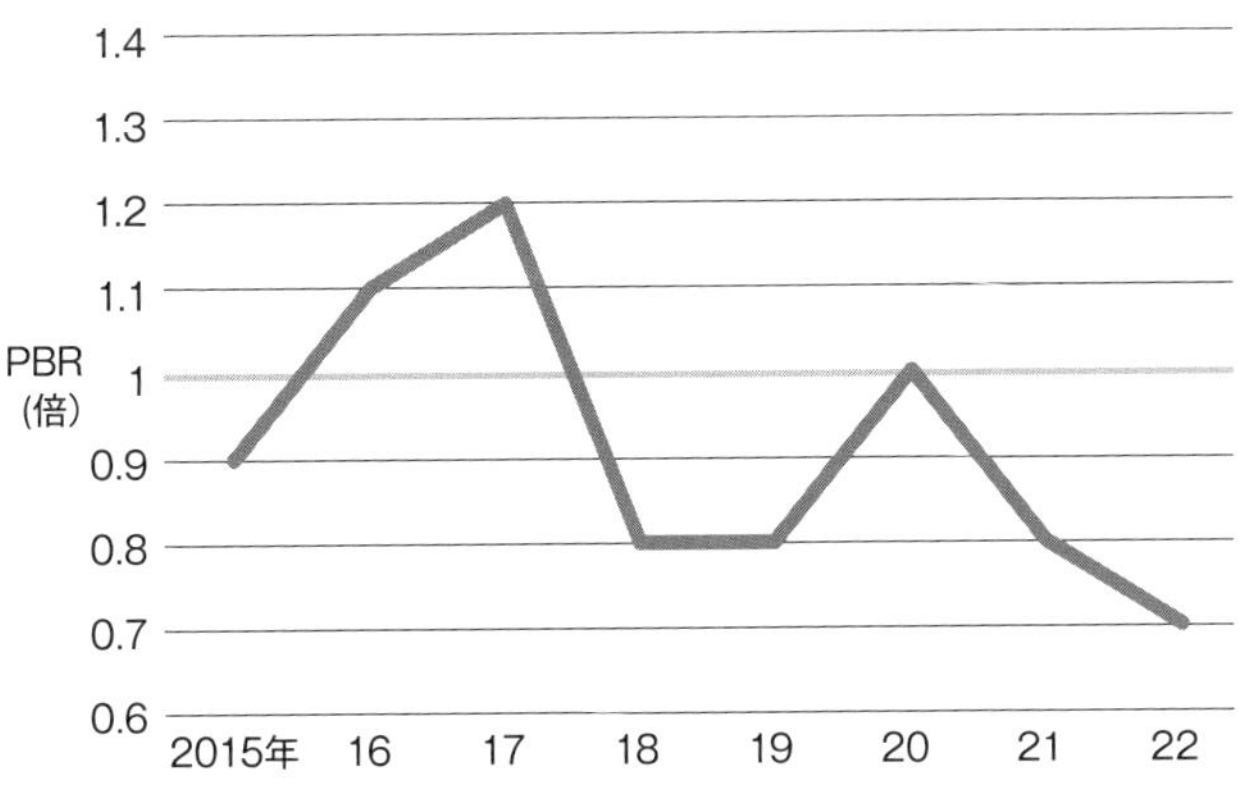

を下回る。PERは10倍で、業界平均の16・1倍を大きく下回る。つまり、競合と比べて収益率が低く、投資家は同社に成長期待を見いだせていない。

同社は数多くの事業を抱える「コングロマリット」であることも投資家を遠ざけている。低収益事業の抱え込み、海外との競争激化、脱炭素への対応不安、コングロマリット――。石化事業は、こうした投資家の懸念に全て当てはまる。事業ポートフォリオを見直し、ヘルスケアや半導体材料などの高付加価値事業に経営資源を集中させるという成長戦略を描くが、石化事業の切り離しという要諦を実行できないでいる。

社長交代の発表を受け、株価は一時6・1％安まで急落した。投資家の不安と動揺が見て取れる。社長交代発表の1カ月前に開催した投資家向け説明会でギルソン氏は、「石化と（コークス製造などの）炭素事業のカーブアウトに関しては計画通り進捗しています」と話すなど、順調さをアピールしていた。「ギルソン氏の退任によって石化事業の改革が遠のくかもしれない」「進捗は順調と言っていたのに交代するのは、何か他の理由があるのか」。こうした同社に対する経営の不透明さがPERの低さに表れており、それがPBR1倍割れにつながっている。

指名委員会が改革後押し

「社長交代の理由を聞かせてほしい」「御社のガバナンスについて改めて聞きたい」

発表後、三菱ケミカルグループ社外取締役で指名委員会委員長を務める橋本孝

橋本 孝之氏　三菱ケミカルグループ　社外取締役　指名委員会委員長
写真：中島 正之

之氏に、国内外の投資家から対話の申し込みが相次いだ。橋本氏は、「ギルソン氏が社長に就任して以降、事業環境が大きく変わった。事業をどう強くするか。それを考えた上での社長交代だ」と答える。

業界再編の交渉について橋本氏は、「ギルソン氏は日本的なやり方があまりできなかった」と語り、交渉の難しさを吐露した。いざ業界再編となれば、従業員の雇用や工場設備の統廃合など様々な問題が出てくる。共同事業体をつくるとなれば、企業間の力関係を調整する必要も出てくる。当初の「海外の目を生かしてバッサリ」というもくろみ通りには進まなかった。

そこで白羽の矢が立ったのが、石化事業のキャリアが長い筑本氏だ。筑本氏が持つ石化事業の知見や人脈を事業改革に生かしたい考えだ。

新社長の選任に当たり指名委員会は、次期社長に求める資質を定めたミッションステートメントを策定した。求めたのは、経営インフラの進化、明確なビジョンの策定と実践、現場を理解する経営、投資家目線の経営、ステークホルダーの価値最大化――の5つである。このうち投資家目線の経営は、まさに1倍割れが続くPBRの向上に他ならない。

橋本氏は、「指名委員会が企業改革の役割の一端を担うガバナンスのモデルを示したい」と話す。社外取締役の目を生かし、改革が進まないと判断すれば、社長交代も辞さないガバナンス体制だ。

ただし、ガバナンスだけでPBRは向上しない。社長を先頭とする執行側が動き、それが実績という目に見える形になって初めてPBRは向上する。PBR向上には、事業セグメントの見直しやセグメント内で扱う製品の取捨選択も必要となってくる。投資家の期待に応えられなければ、この先もPBR1倍割れが続く。低PBRの原因となっている石化事業の改革を実現し、新しい成長の姿を示せるか。24年4月から同社を率いる新社長の筑本氏は、改革の実行力が問われる。

コンコルディアFG・みずほFG
「金利頼れぬ」改革急ぐ

低PBR(株価純資産倍率)業界の代表といえるのが銀行だ。長年続く1倍割れの脱却を目指すべく、地方銀行もメガバンクも改革に動き出している。

コンコルディア・フィナンシャルグループは、地方銀行の横浜銀行と東日本銀行を傘下に持つ地域金融グループである。同社が2023年5月22日に開催した決算説明会は、投資家と他の銀行を驚かせた。これまでの定型に沿った説明をガラリと変え、PBRの向上を真っ先に掲げ、企業価値向上を前面に打ち出したからだ。低PBRの原因やPBR向上の具体策も綿密に書き込んだ。

貸し出しからソリューションへ

同社は、22年度から部門ごとに収益率などを把握・管理する取り組みを進めていた。ＩＲ（投資家向け広報）を担当する総合企画部の澤田勇二氏は、「ＰＢＲが低いことを低金利政策のせいにして、何もしなければ地域金融は衰えてしまう。マイナス金利政策が解除されたとしても、自助努力で1倍超を目指す必要があると考えた」と語る。

国のマイナス金利政策は、個人や企業が低金利で資金を調達できるようになる一方、資金提供側である銀行にとっては金利収入が減少することになり、収益を圧迫する。銀行業のＰＢＲと金利政策の関係は、同社のＰＢＲの推移を見ると分かる。かつて1倍を超えていたＰＢＲは、08年のリーマンショックで1倍割れに急落。その後、ＰＢＲは０・７～０・９倍の水準で推移するが、16年に日銀がマイナス金利政策を導入したことにより、０・５倍前後で低迷する。現在のＰＢＲは０・７倍である。

ＰＢＲはＲＯＥ（自己資本利益率）とほぼ連動している。同社は株主資本コストを６～９％程度と推定している。マイナス金利導入前のＲＯＥは辛うじて株主資本コストと同様の水準を維持できていたが、マイナス金利政策の導入後はＲＯＥが株主資本コストを下回る。これがＰＢＲ１倍割れの原因だ。

同社はＰＢＲ１倍超に向けて、ＲＯＥの向上と、株主資本コストの

■ コンコルディア・フィナンシャルグループのROE

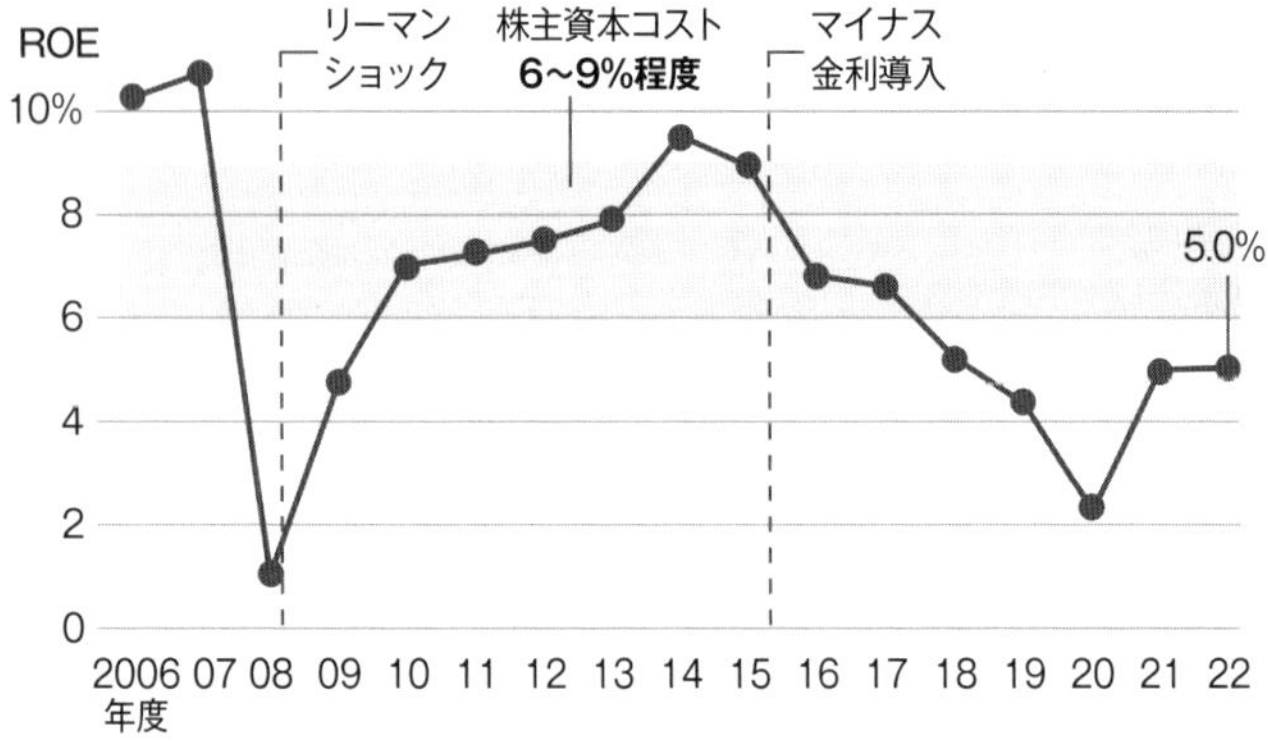

出所：コンコルディア・フィナンシャルグループ

抑制に力を入れる。23年10月13日には全従業員を対象に、企業価値向上に向けた取り組みの説明会を開催した。片岡達也社長が、PBR向上の必要性を説明した。

ROEは早期に7％超を目指す。金融機関が持つリスク資産に対してどれだけ収益を上げたかを示すRORA（リスクアセット利益率）を指標とし、収益性の高い事業へ移行する。力を入れるのは、金利収入ではなくサービスやソリューション提供によって手数料収入が見込める事業だ。企業の合併や買収を助言するM&A（合併・買収）アドバイザリーや、

全従業員を対象に企業価値向上の説明会を開催した
写真：コンコルディア・フィナンシャルグループ

企業買収の際に買収資金を借り入れるLBOローンの提供などだ。こうしたソリューションを提供する法人顧客数は21年度に1313社だったが、22年度には1871社になった。24年度は2900社に引き上げる。

そのために欠かせないのが、経営や財務などの高度なスキルを持った営業担当者の育成である。23年4月に経営戦略と連動する人材戦略を策定し、ソリューション営業担当者の拡充を急ぐ。研修の拡充や自己啓発の支援などで21年に48％だった営業担当者を27年に60％にし、営業担当者1人当たりの収益額を8000万円から9000万円に引き上げる。

株主資本コストは、サステナビリティの強化によって抑制する。澤田氏は、「ESG評価の向上は、株主資本コストを引き下げる効果がある」と話し、ESG格付けの向上に力を入れる。24年2月には国内地銀で初めてCDPで最高のA評価を獲得するなど、成果が出てきた。

低金利を言い訳にしない

メガバンクも動き出している。ＰＢＲ０・７倍のみずほフィナンシャルグループは、ソリューション営業の強化により、中堅・中小企業の支援や優れた技術やアイデアを持つイノベーション企業の支援につなげ、ＰＢＲ１倍超を目指す。

木原正裕社長は23年6月の株主総会で、「みずほは日本経済低迷にしっかり働きかけ、当社のＰＢＲを上げていきたい」と訴え、企業のＰＢＲ改善支援を自社のＰＢＲ向上に生かす考えを示した。22年度のＲＯＥは６・６％で、25年度までに８％を目指す。財務企画部長の石榑信宏氏は、「ゼロ金利などの低金利政策を言い訳にしない。企業文化の改善も進め、愚直に計画を実行していく」と語る。

ＰＢＲ１倍突破の絵姿はそろった。今後は、その実行力が試されることになる。企業価値向上の本気度が、ＰＢＲで示される。

富士フイルムHD ROE未達でも株価上昇

富士フイルムホールディングスは、事業の縮小や買収などを通じて収益を改善させてきた企業だ。2012年1月にフィルムをはじめ世界最大の写真用品を手掛けていた米イーストマン・コダックが経営破綻し、その衝撃が富士フイルムの株価に波及した。そのときのPBR（株価純資産倍率）は0・5倍を下回った。それから12年、24年1月時点のPBR1・2倍で、目安の1倍を超えている。

攻める姿勢を数値で示す

事業ポートフォリオの見直しに当たり全社で取り組んできたのが、事業ごとに収益率を測るROIC（投下資本利益率）の活用だ。事業の収益性を把握するツールとして使い、ROE（自己資本利益率）を高める効果をもたらしている。

「ROICは中期経営計画の目標に対して未達になる予定です」

後藤禎一社長・CEO（最高経営責任者）は、23年5月10日の決算説明会でこう語った。

同社は経営指標にROICとROEを掲げ、ROICは目標6・1％のところ5・9％に、ROEは目標8・4％のところ8％になり、いずれも目標未達になる見通しを示した。ROICの低

後藤 禎一氏　富士フイルムホールディングス　社長・CEO（最高経営責任者）
写真：富士フイルムホールディングス

下はＲＯＥの低下につながる。ＲＯＥは株主が重視する指標である。

目標未達の知らせは一般的には株価のマイナス材料となるが、予想外の動きをした。それまで７２００円前後で推移していた株価が急上昇し、月内には８５００円を超えたのだ。何があったのか。

説明会で後藤社長が「中計策定時に想定した以上にバイオ医薬品や半導体関連の需要が強くなっており、成長機会を確実に捉えるべくバイオ医薬品や電子材料を中心とした成長投資を拡大することを決定した」と説明したことに、市場が反応した。「目先の利益効率は落ちるが、攻めた経営を実践しており株価向上が見込める」。投資家は、同社の説明を受けてこう判断した。

同社の説明を裏付ける役割を果たしたのがＲＯＩＣだ。ＲＯＥが株主が投資した資金をどれだけ効率的に使っているかを示すのに対し、ＲＯＩＣは株主以外の投下資金も含んだ事業の効率性を示す。

ＲＯＩＣは、売上高営業利益率と投下資本回転率に分解できる。説明会では、投下資本回転率は0・93回転から0・88回転に低下すると公表した。投下資本回転率は、投下した資金からどれだけ効率的に売上高を生んだのかを示す。数値の低下は、投下資金がまだ売り上げに結びついていない状態である。

どの事業で回転率が低下するのかも示した。医薬品関連のヘルスケア事業が0・65回転から0・55回転に、半導体関連などのマテリアルズ事業が1・32回転から1・13回転に低下する。その理由も説明した。

■ ROE低下の要因をROICで説明

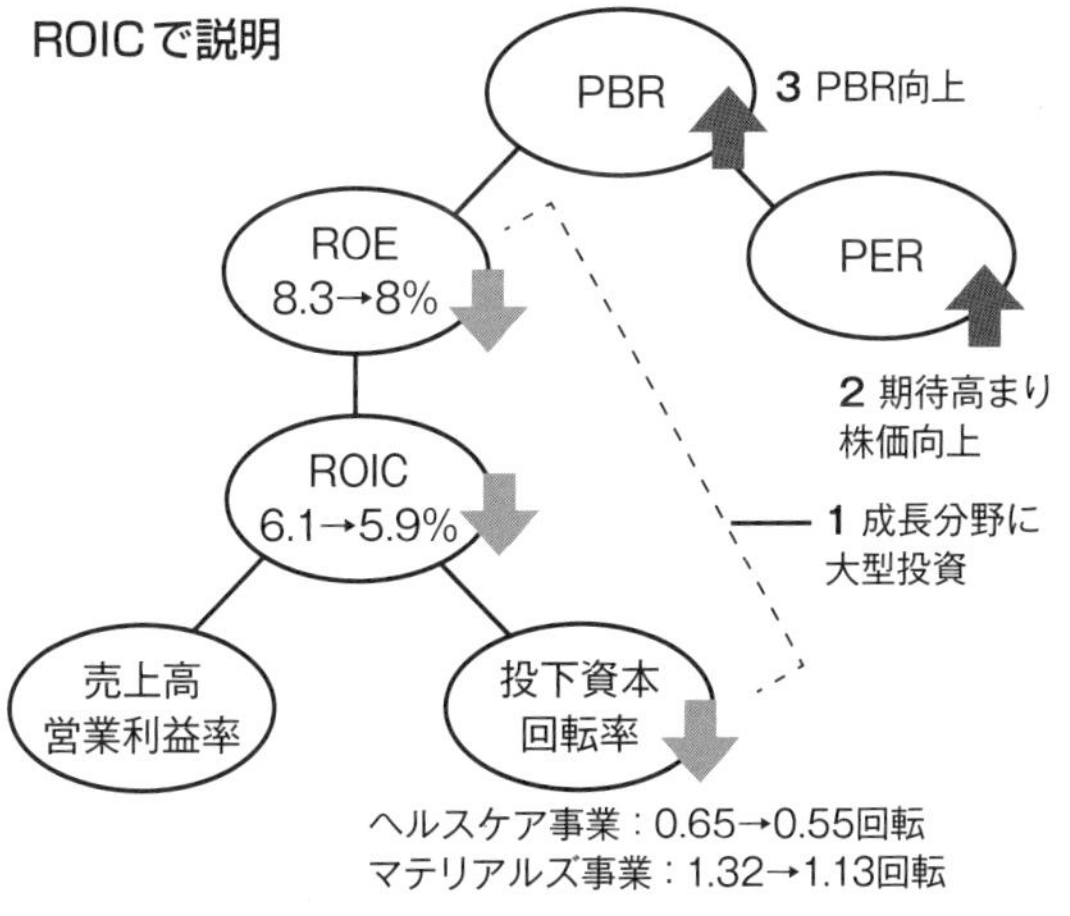

1つは、安定供給を目的とした在庫（棚卸資産）の確保だ。新型コロナウイルスや半導体の供給不足などの影響に対応するため、従来より在庫を積み増した。その結果が回転率の低下に表れた。

そしてもう1つが、追加の大型設備投資である。バイオ医薬品や半導体市場は、想定を上回る速度で成長しており、その旺盛な需要を取り込む狙いである。3年間の設備投資総額を7500億円としていたが、これを1兆1200億円に増やした。

例えば、イメージセンサー用カラーフィルター材料の生産に約60億円の追加投資を決定。半導体製造プロセスに欠かせない研磨装置（CMPスラリー）の製造設備に約20億円を投資する。

こうしたROICを使った定量的な説明が投資家の納得感につながり、その結果が株価に表れた。

成長止まる怖さが強み

ＰＢＲを向上させるには、資本コスト（ＷＡＣＣ、加重平均資本コスト）を上回るＲＯＩＣが必要となる。同社は、ＷＡＣＣを５〜６％程度と推定している。個々の事業を評価するに当たり、ＲＯＩＣがＷＡＣＣを上回っているかどうかが、１つの基準になる。

同社取締役でコーポレートコミュニケーション部長兼ＥＳＧ推進部長の吉澤ちさと氏は、「事業は常に組み替えるもので、やめたら成長が止まる。経営陣がこの危機感を身をもって理解しているのが自社の強みであり、継続していく」と話す。

投資家から理解を得られた背景には、日ごろからの対話もある。投資家からは当然、「積極的な株主還元はしないのか」と問われる。そのたびに、「今は次の成長のための投資フェーズ」と答え、中長期の経営戦略を説明して納得を得てきた。

経営は今どういう段階にあり、経営者はどこを目指しているのか。その道筋を定量的に示し、定性的な説明も交えて語ることが、PBR向上の秘訣といえる。

NEC
海外投資家が振り向いた

NECの株価が上昇傾向だ。2023年1月に4500円付近だった株価は、24年2月14日時点で9725円にまで上がってきた。近年、1倍割れが続いていたPBR（株価純資産倍率）は、23年中盤から上昇し始め、24年2月14日時点のPBRは1・5倍である。

株価向上の大きな要因となっているのが、海外投資家の拡大である。同社の外国人株主比率はここ半年で5ポイント上昇して42％になった。これは同社の過去

20年間で最も大きい。

背景には、同社のIR（投資家向け広報）戦略の強化がある。同社は、株価が想定より低く評価されており、投資家との対話を密にすることで自社を正しく評価してほしいと考えていた。そこで思い切ったIR活動を実践した。

組織も開示も変えた

株価向上の「のろし」となったのが、22年8月に発表した同社初めての自社株買いである。670万株、300億円を上限として自社株を取得すると発表した。藤川修CFO（最高財

藤川 修氏　NEC　CFO（最高財務責任者）
写真：中島 正之

務責任者）は当時、「今の株価が当社が考える水準を下回っており、満足していないというメッセージだ」と語り、株価を上げる意思を市場に示した。

次々と施策を打つ。22年4月に組織体制を刷新。サステナビリティ部門と、IR、PR、ブランドなどのコミュニケーション系の部門を集約し、市場への情報発信を強化した。財務部門とも連携し、これらをCFOが統括する。以降、市場の声を聞いて経営に反映し、その結果をまた市場に発信していくという取り組みを実践していく。

23年1月には、これまでの監査役会設置会社から指名委員会等設置会社への移行を発表した。取締役会の過半数を社外取締役が占め、各委員会の委員長も社外取締役が務めるガバナンス体制である。投資家の代表とも言える社外取締役の声を経営に取り込み、経営の透明性と客観性の向上をアピールした。

投資家からの反響は大きかった。移行後に投資家から、「取締役会に変化はあるか」「新しく入った社外取締役の役割は何か」といった質問が多く聞かれるようになった。新たに社外取締役に就任したオムロン会長の山田義仁氏や日立製作所で取締役会議長を務めた望月晴文氏は、海外投資家にもその名が通っている。NECの株価向上の意思が分かる人選といえる。

投資家の声を受けて、23年第1四半期から業績開示のセグメントも変更した。これまで顧客別に6つに分かれていたセグメントを見直し、IT（情報技術）サービス、社会インフラ、その他の3つに集約した。

機器メーカーの印象払拭

これも、海外投資家からの「事業が多過ぎる」「細か過ぎて分かりにくい」「他社と比較しにくい」という声に応えたものだ。投資家は、企業が複数の事業を持つ「コングロマリット」を嫌う。事業間の相乗効果が見えないと、本業とは関係ない事業に投資していると判断するからだ。その結果、企業の想定株価が割り引かれる「コングロマリット・ディスカウント」となる。

またこれは、ITサービスと社会インフラという2つの事業に注力するという市場へのメッセージでもある。これまでNECといえば、かつての半導体やパソコン、家電といったイメージが強い。今は独自開発の生成AI（人工知能）を中核として、ITサービスを提供する企業へ変わろうとしている。

投資家に対するIR活動を実践してきたステークホルダーリレーション部長の中西央路氏は、「これまで海外投資家の期待を裏切ってきた」と話し、悔しさをにじませる。海外投資家から「御社は短期業績に対する不安感がある」「IT企業なのにPBRが1倍を割れているのは信じられない」「中期経営計画で掲げた目標をしっかり達成してほしい」など、厳しい言葉を投げかけられることが多かった。

そこには、同社に対する業績の不信感がある。中計で示した目標の未達が常態化しており、計画最終年の1年前になると、目標の未達発表と業績予想の下方修正が当たり前になっていたからだ。同社に対する投資家の諦めが、株価とPBRの低迷につながっていた。

こうした投資家の心境に変化の兆しが表れたのが、23年4月28日に開催した23年3月期決算説明会である。ここで、25年度を最終年度とする現行の中計の進捗を公表した。25年度の目標として、売上高3兆5000億円、営業利益3000億円を掲げている。

23年度の業績予想は、売上高3兆3800億円、営業利益2200億円で、中計の達成が、射程圏内に入ってきた。

■ NECはIRの強化が功を奏した

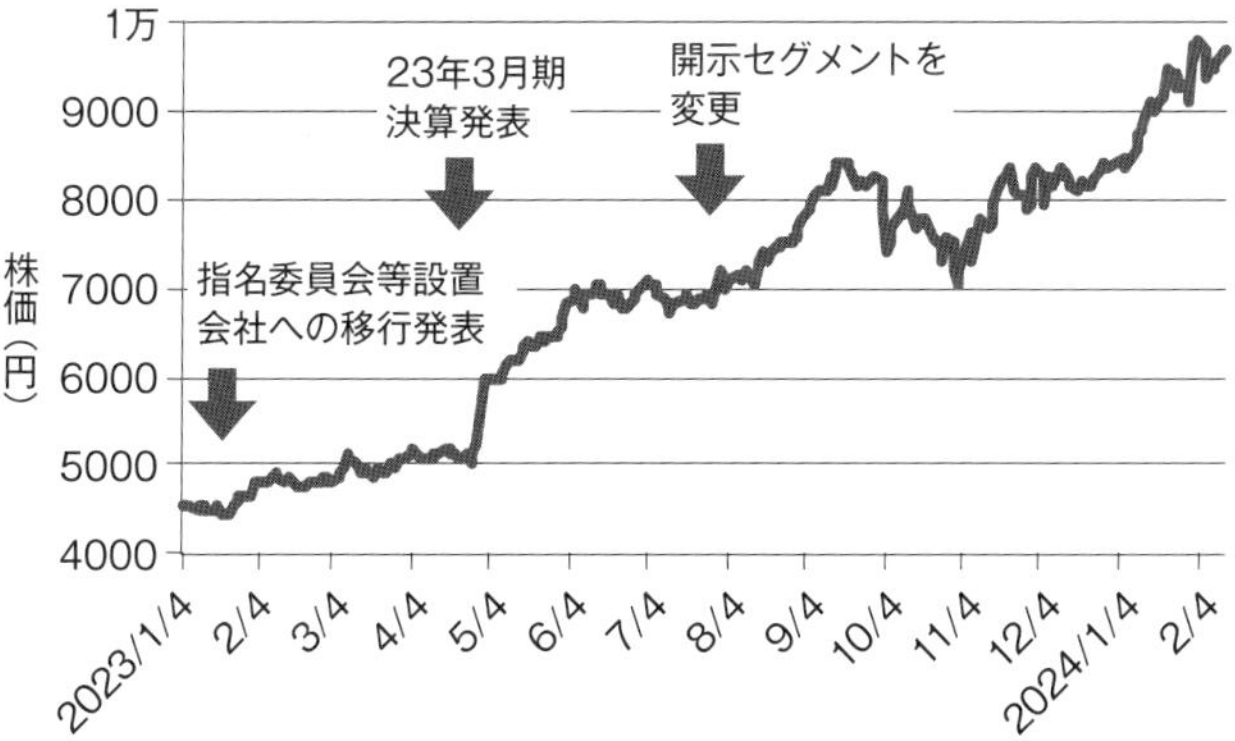

投資家の関心が戻ってきた

かつて対話を呼びかけても「ノーサンキュー」と断られていた海外投資家の反応も良くなってきた。23年度に入ってからは、投資家との対話数は四半期で100件を超えた。その約6割が海外投資家だ。離れていた海外投資家が戻ってきた。

海外投資家を訪ねる海外ロードショーでは、ある投資家から「10年ぶりに御社を見た」と言われた。約束が守られず、助言が聞き入れられない企業を投資対象にしようとは思わない。投資家は、中西氏は、「市場の声をスルーせず、耳の痛い意見も受け止める。実績で答えを出して期待に応え、信頼を取り戻す」と話す。

成長のよりどころを海外に求め、グローバル展開を目指す日本企業は多い。海外に製品やサービスを売るだけでなく、海外投資家に認められるＩＲ活動も欠かせない。ＩＲ活動の強化が株価に影響を与え、ＰＢＲの向上につながっていく。

荏原製作所
低採算案件見極めROE向上

荏原製作所は、2018年に0・9倍だったPBR（株価純資産倍率）を3年間で1・9倍に高め、22年以降も1倍以上を維持している。

荏原製作所の事業領域は、建築・産業、エネルギー、インフラ、環境、精密・電子の5つ。主力は、ポンプだ。ビルやマンション、ダムや浄水場、農業用、産業用など幅広く手掛けており、国内業界シェアは約3～4割でトップである。

同社がどうやってPBRを上げてきたのか。戦略を見てみよう。

受注改善で稼ぐ力高めた

PBR向上の大きな要因となったのが、ROE（自己資本利益率）の向上だ。18

年に6・6%だったROEは、22年に15%に高まった。何がROEの向上につながったのか。ROEは、売上高純利益率、総資産回転率、財務レバレッジという3つの要素に分解できる。このうち、収益力を示す売上高純利益率にポイントがある。18年12月期に3・6%だった売上高純利益率が、21年12月期に7・2%と倍になった。細田修吾CFO（最高財務責任者）は、「企業本来の実力である稼ぐ力をまず高めた」と語る。

営業や生産の現場は、「売り上げを

■ 荏原製作所のPBR

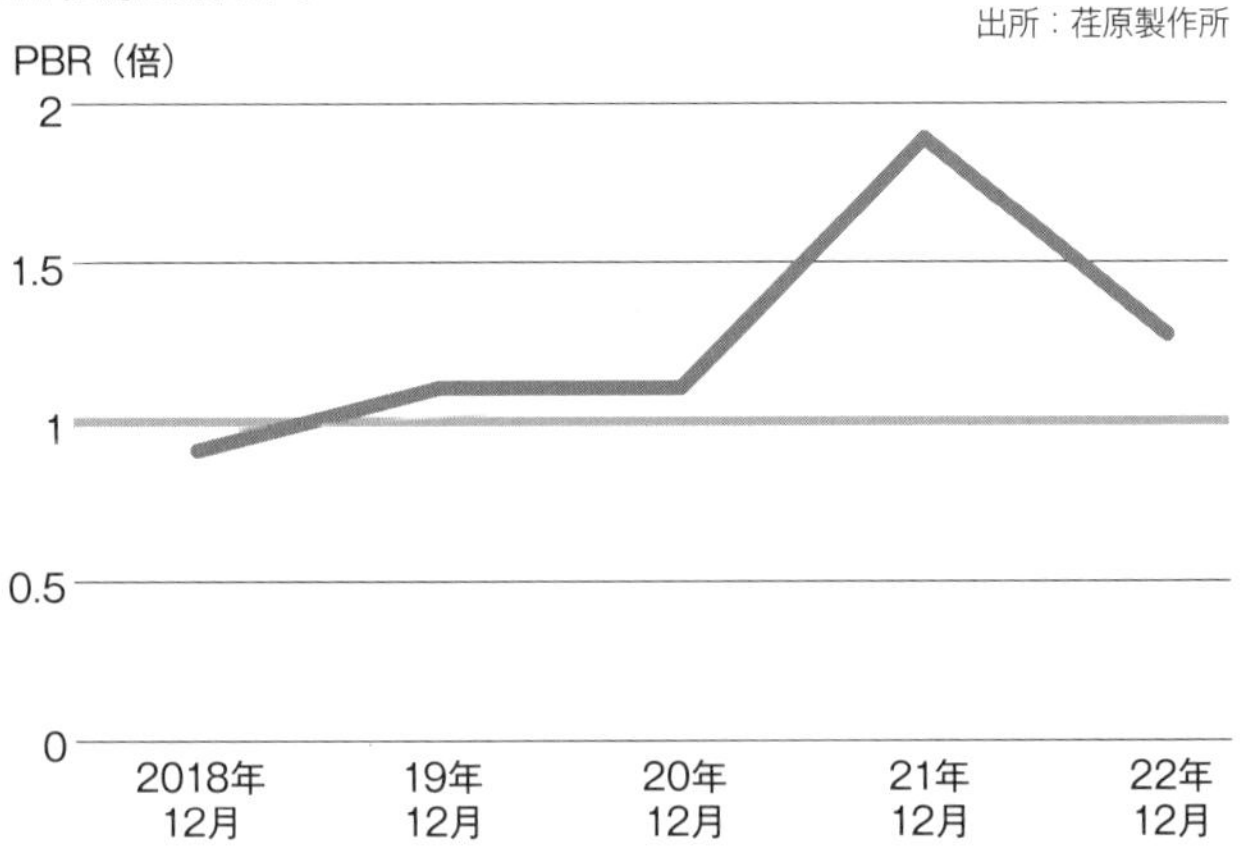

上げる」「工場の稼働率を高める」という意識があり、採算性が低い案件もあった。そこで19年に一部製品について受注のルールを取り入れた。要求仕様のハードルの高さ、要求納期を満足させる難しさ、収益性が基準を上回るかどうかを精査し、これらの条件をクリアできる案件を受注するというルールだ。細田CFOは、「採算性の低い案件の受注が行き過ぎないように、収益性の改善を図った」と説明する。このルールが現場の社員の意識を変え、収益率の改善につながっていった。

細田 修吾氏　荏原製作所　CFO（最高財務責任者）
写真：中島 正之

　こうしたルールを導入した背景には、過去の経験がある。同社は1990年代に事業多角化として、太陽光発電や風力発電、燃料電池などの事業に力を入れたものの、競争の激化で撤退を余儀なくされた。作っても作っても儲からないとなると、現場は疲弊し、利益も低下していく。受注ルールの導入とともに、効率的に利益を出せているかを判断するために、事業ごとにROIC（投下資本利益率）を取り入れ、利益率の向上を図っていった。これがROEの向上につながり、PBRを高める要因となった。

成長投資で期待を高める

PBRを構成するもう1つの要素であるPERはどうか。同社の22年12月期のPERは8・6倍である。同業種（機械）のプライム上場企業の平均PERが16・7倍であることから、ここに課題と伸びしろがある。

有利子負債が自己資本の何倍かを示す「DEレシオ」は0・3倍である。同社では0・3〜0・5倍を目安としており、負債活用などで成長投資を強化する時期ともいえる。細田ＣＦＯは、「ＥＳＧ含めた中長期的に価値を上げるための基盤的な投資をする局面に来ている。うまく市場に伝えていくことが課題」と話す。

成長事業と位置付けて投資を強化するのが半導体事業だ。旺盛な需要が見込め、利益率も高い。半導体向けの化学機械研磨（ＣＭＰ）装置は、生産能力を１・５倍以上に増強する。23年12月に神奈川に開発拠点を、24年6月に熊本に新たな生産拠点を稼働させる。

次世代の成長事業として、水素事業にも力を入れる。ポンプで培った液体や気体を送り出す技術を、市場拡大が見込まれる水素で生かす。21年8月に、社長直轄のコーポレートプロジェクト「ＣＰ水素関連事業プロジェクト」を発足させた。水素用のポンプやコンプレッサーの開発投資を強化する。

主力のポンプ事業は、海外投資に力を入れる。21年4月にトルコのバンサンを１１３億円で買収し、22年9月にも米へイワード・ゴードンを買収した。積極的なＭ＆Ａ（合併・買収）によって、主力事業の拡大を示していく。現在２～３％の海外シェアを30年までに7～8％に伸ばす。この戦略は、「世界で6億人に水を届ける」という同社の長期ビジョンと一致する。

「1兆円企業」目指す

荏原製作所は、ガバナンス先進企業でもある。社外取締役を生かした経営を早くから実践し、今は10人中7人が社外取締役だ。15年には指名委員会等設置会社に移行した。指名委員会が定める基準に3期連続して達しない場合、現任社長の再任を推奨しないことを原則としている。現在は、ガバナンスの高度化に力を入れる。「ガバナンスtoバリュー」を合言葉に、企業価値（バリュー）につながるガバナンスを目指す。

23年2月14日に、次期中期経営計画を発表した。25年にROEを15％以上に高め、売上高の年平均成長率を7％以上とする。30年には、売上高1兆円、時価総額1兆円超えを目指す。計画発表時の時価総額は約5140億円で、ここから倍増を目指す。

事業体質の強化を実現した今、成長事業や新規事業の実績を示し、成長期待に変えていけるか。実現には、人材の育成や採用のための人的投資も必要となってくる。「1兆円企業」という大台を目指す新たな取り組みが始まっている。

大和ハウス工業 有報に「忸怩たる思い」

「PBRが1倍を切っている状況につきましては、忸怩たる思いです」

大和ハウス工業は、2023年6月29日に公開した有価証券報告書に、自らの経営を恥じ、悔しさをにじませた一文を記した。22年3月末時点のPBR（株価純資産倍率）は0・9倍と、1倍を下回った。冒頭は、芳井敬一社長が中期経営計画の初年度を振り返り、PBR1倍割れの状況について語った言葉だ。

23年3月、東京証券取引所が上場企業の経営者に「PBR1倍超」を要請した。企業は今回、この要請を受けて初めての有価証券報告書の提出となった。PBR1倍が、経営者の評価基準として注目されている。

低い成長期待が課題

大和ハウス工業は、22年5月に22年度から26年度をターゲットとする第7次中計を策定し、売上高5兆5000億円、営業利益5000億円という目標の達成に向けて走っている。

同社のPBRは、長い間1倍を超えて推移していた。しかし、17年度をピークに下落傾向に転じ、22年度に1倍を割った。この原因について同社の財務部長で

IR室長の山田裕次氏は、「経営戦略が将来の収益につながるということが市場に十分に伝わっておらず、中計で掲げた目標の実現が信じられていない可能性がある」と分析する。

PBRは、資本の効率性を示すROE（自己資本利益率）と、投資家の期待を示すPER（株価収益率）の掛け算で示される。それぞれを見てみよう。

大和ハウス工業の22年度末のROEは14・3％だった。新型コロナウイルス感染症の影響からの回復が、利益率

■ 大和ハウス工業のPBR

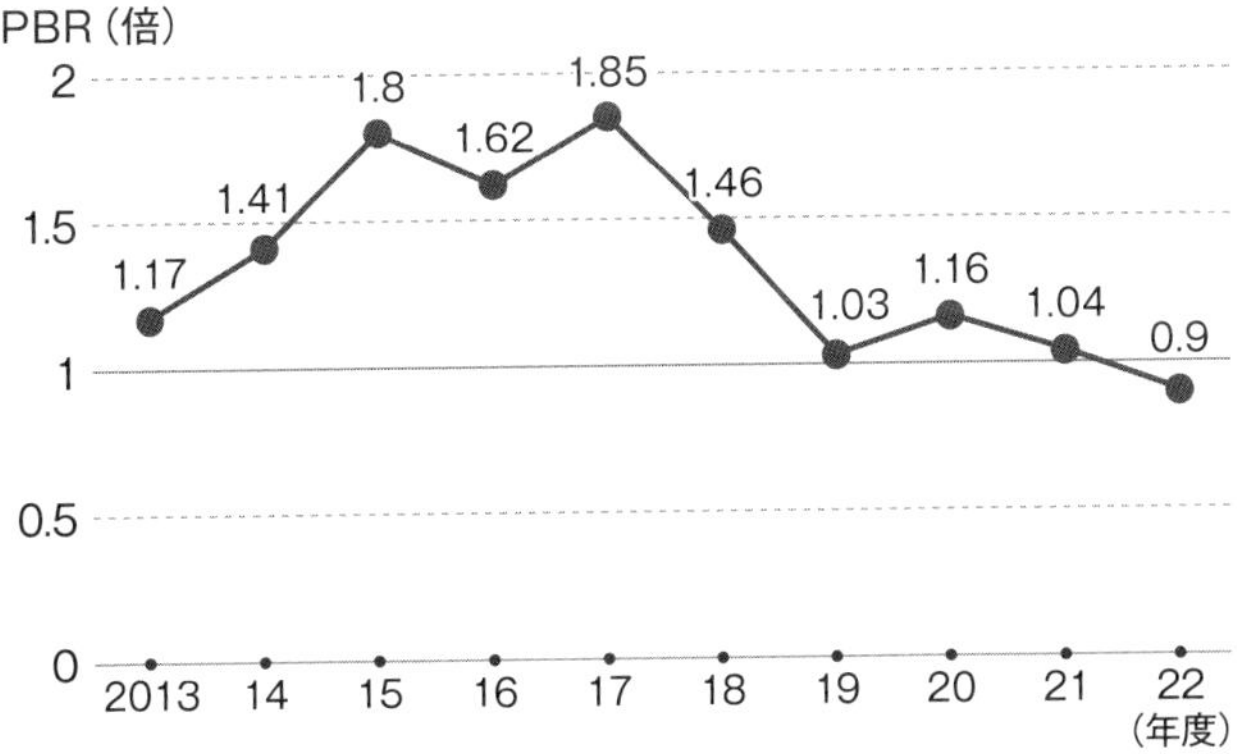

出所：大和ハウス工業

の改善につながった。ウクライナ戦争の開始後に原材料や労務費の高騰に見舞われたが、販売価格への転嫁やグループでの集中購買などを進め、こうした施策が高いROEにつながった。

一方のPERは、6・6倍だった。東証プライム市場に上場する建設業83社の23年8月時点の平均PERは14・7倍で、市場平均と比べると大きく見劣りする。PERは、株価が1株当たりの当期純利益の何倍かを表しており、企業の成長期待を表す。つまり、この成長期待の低さがPERの低さにつながっており、それがPBR1倍割れの要因となっている。

内需が中心となる住宅・建設業の先行きは、決して明るいとは言えない。国内の人口減少は続き、需要の先細りが予想されるからだ。特に、同社の主力である戸建住宅事業が苦戦している。13年度に1万戸を超えていた戸建・分譲住宅の販売戸数は、22年度は5762戸に落ち込んでいる。比較的安い価格で分譲住宅を大量に販売する飯田グループホールディングスやオープンハウスグループなどの競合との争いが激化しており、苦戦を強いられている。

変革の進捗、数値で示す

そこで同社は、事業ポートフォリオの変革を進めている。戸建住宅は、人口増加が進む海外で伸ばす。国内は、物流施設やデータセンターなど、商業施設事業や事業施設事業に力を入れる。これらは利益率が高く、社会課題の解決と長期的な需要増が見込める事業と位置付けて、経営資源を集中させる。その一方で、22年12月にはリゾートホテル事業の売却を決めた。

ただ、同社に対する投資家の目は厳しい。同社は19年に、中国の合弁会社による不正会計、国の認定を取得していない物件の販売、工事監督資格の不正取得などの不祥事が続いた。その不信感が拭い切れていない可能性もあり、中計の発表後も株価の低迷が続いていた。

こうした中、これまで3000～3500円付近で推移していた株価が、23年5月に入った頃から上昇傾向に転じてきた。9月19日時点の株価は4200円を超えた。日経会社情報の予想PERは11倍に上昇し、PBRは1・2倍となって1倍を超えた。

要因の1つが、同社が5月15日の経営説明会で示した中計の進捗だ。22年度の売上高は4兆9081億円、営業利益は4653億円と、いずれも過去最高を記録した。21年度に261億円だった海外事業の営業利益は、22年度に529億円に倍増し、26年度に1000億円とする目標の達成に現実味が出てきた。

商業施設と事業施設の売上高は共に1兆円を超えて戸建住宅を抜き、同社の主力事業になってきた。さらに、より高い利益率を確保するため、投資の判断基準となる内部収益率（IRR）を従来の8・5%から10%に引き上げた。二酸化炭素排出をコストと見なすインターナルカーボンプライシング（社内炭素価格）も導入し、リスクへの備えもアピールする。

ＰＢＲの向上には自社株買いや増配などの株主還元策があるが、やはり王道は、成長の実現可能性を実績で示していくことだ。それがさらに成長期待を生み出す好循環につながる。ＥＳＧの成果も、実績で示していく必要がある。

大日本印刷社長登場サプライズ

大日本印刷は、２０２３年2月9日、「ＰＢＲ（株価純資産倍率）１・０倍超の早期実現」を宣言し、市場を驚かせた。

23年5月に新たな3カ年の中期経営計画の公表を予定しており、それに先立って23年3月9日に実施した説明会で北島義斉社長が、「機関投資家などと対話してきた中で、様々なご指摘を頂いた。サステナブルな企業として存在していくためには、長期的な目標を掲げてその達成を目指すべきだと考えた」と語った。新中計には、合計3000億円の自社株買いを含めた株主還元策や、政策保有株式の縮減などを盛り込んだ。同日に1000億円を上限とする自社株買いを発表。発行済み株式数の15％に当たる規模で、これがサプライズになった。

社長が市場に語り始めた

この会見にはもう1つのサプライズがあった。対話姿勢の変化だ。同社が決算説明会を始めたのは19年11月から。これまで株主総会以外の決算や経営戦略の説明会に社長が出席することはなかったが、23年3月9日の説明会では北島社長自ら対話の強化を語った。

参加した投資家から、「過去からの大きな変化を感じている。これまでIR（投資家向け広報）に積極的という印象はなかったが、PBR1倍超という指標を掲げて市場と対話する姿勢になった」という声が聞かれるなど、市場はこの変化を好感した。23年3月9日には、著名アクティビストの米エリオット・マネジメントも歓迎を表明。「中計を実行するに当たり、対話の継続を楽しみにしている」というコメントを発表した。大日本印刷は、「22年の後半からエリオットによる株式取得を確認していた」と打ち明ける。

翌3月10日の株価は一時、前日より10％高い4160円の高値を付けた。0・7倍前後で推移していたPBRは、3月17日時点で0・9倍になった。

■「1倍超」宣言で株価が上昇

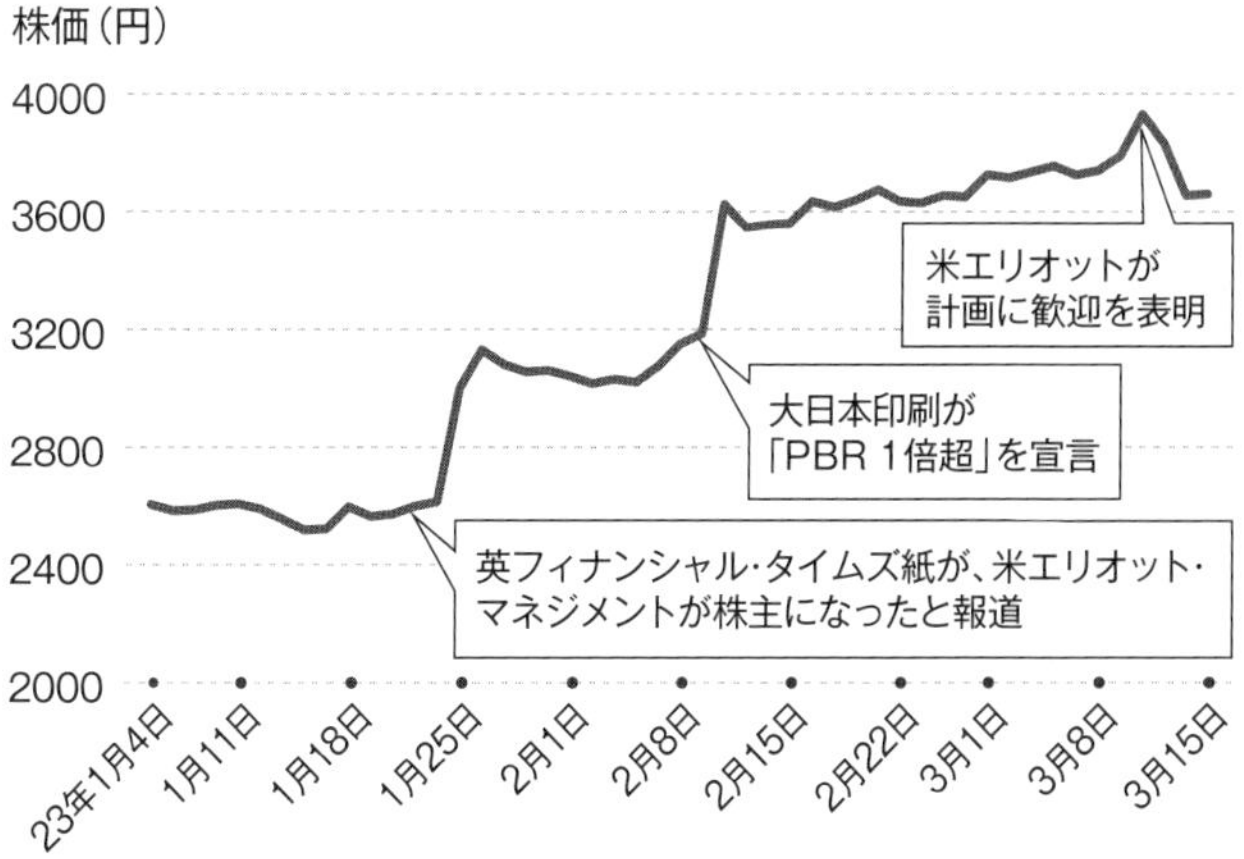

膨らんだ資産、縮減に期待

投資家が期待するのは、資本効率の改善だ。大日本印刷は22年３月末時点で、政策保有株式として１２９銘柄、約３４００億円の上場株式を保有しており、金額で純資産の３割に達する。これを１割に縮小する計画だ。既に縮減を進めており、22年３月期決算では投資有価証券売却益として約１２１億円を計上し、これが９７２億円という最高益に貢献した。

ＰＢＲを向上させるには、ＲＯＥと

企業価値向上に動き出した大日本印刷
写真：J_News_photo/stock.adobe.com

PER（株価収益率）の2つを高める必要がある。株主還元の強化や政策保有株式の縮減は、ROE（自己資本利益率）向上に効果がある。対話やESGの強化は資本コストの低減と将来成長の期待になり、PER向上につながる。

持続的な価値にできるか

常務執行役員でコーポレートコミュニケーション本部担当の杉田一彦氏は、「事業の効率性を高めることに加え、人的資本や知的資本など非財務の取り組みを強化する。実践するだけでなく、情報発信と対話も進めていく」と話す。

この先の課題は、今の期待を持続的な成長期待につなげられるかどうかだ。同社は、有機ELディスプレーの製造に使う金属板（メタルマスク）や、リチウムイオン電池の外装材など、世界で大きなシェアを誇る製品や技術を持つ。こうした事業の価値を、利益と期待の両面で示していけるか。市場全体の先行きが不透明な今こそ、成長投資や対話強化などの継続的な取り組みが必要だ。

法則1 ROE8%でPBRは急上昇

PBR（株価純資産倍率）を高めるには、ROE（自己資本利益率）の向上が欠かせない。ただ、「ROEを上げてもなかなかPBRが上がらない」と感じている企業もあるかもしれない。実は、PBRとROEには関係性がある。

左下のグラフは、日経平均株価の算出に採用されている企業の平均ROEと平均PBRの値を月ごとに示したものである。景気動向などで毎月のROEは変動する。ROEに対するPBRを見ると、ROE8%を境にして、PBRが急上昇していることが分かる。

ROEが8%を下回っているときは、PBRは1～1・5倍程度でほぼ一定である。一方、ROEが8%を超えると、PBRは右肩上がりになる。PBRを向上させるには、まずROEを8%超にする必要があるわけだ。

ROE8%で投資対象に

ROE8%がPBR向上の分岐点となるのはなぜか。

それは、投資家が「ROE8%を超えれば株式投資をしてもよい」と考えるからである。投資家は、企業に投資した金額に対して、どれくらいのリターンが得られるかに注目する。これを企業から見ると、株主から資金を調達するために必要なコストで、「株主資本コスト」と呼ばれる。株主資

■ 企業のROEとPBRの関係

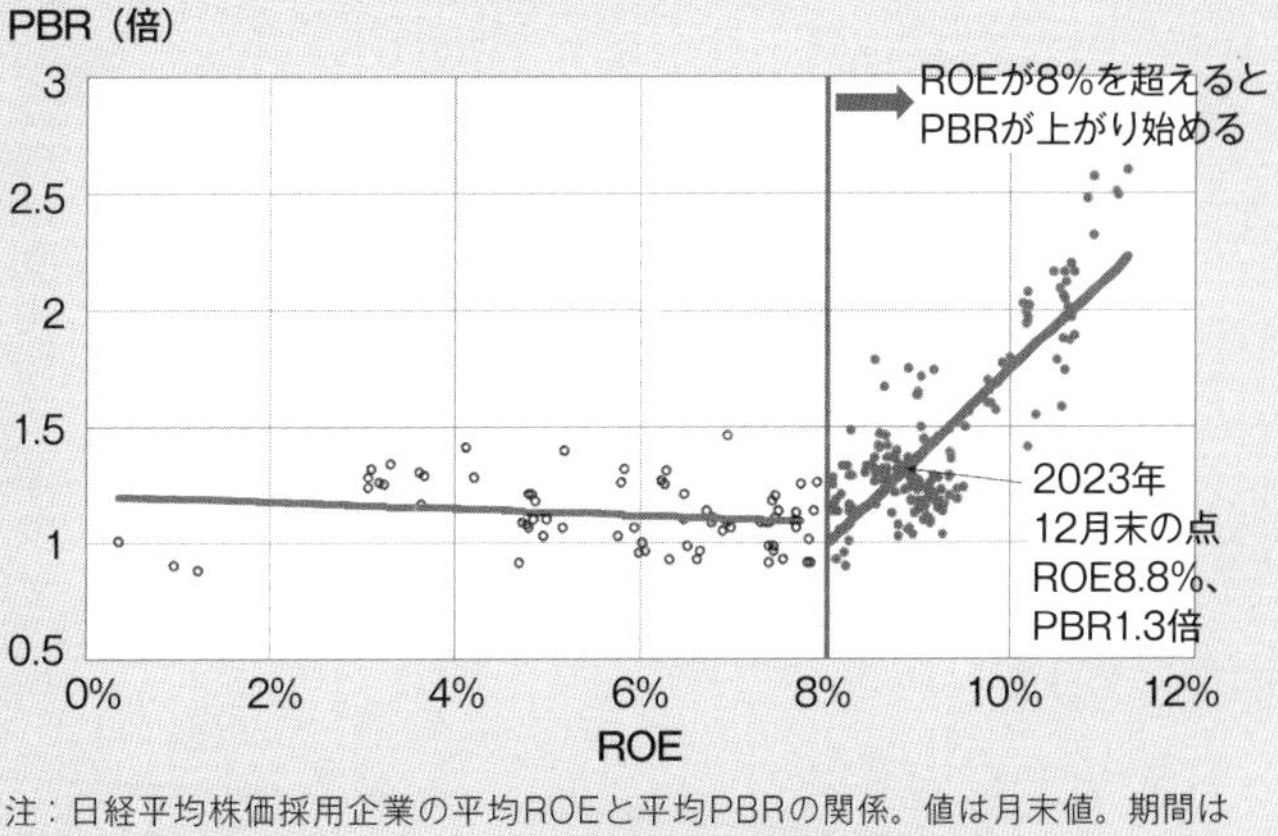

注：日経平均株価採用企業の平均ROEと平均PBRの関係。値は月末値。期間は2004年6月から23年12月。データは日本経済新聞のウェブサイトから
出所：ニッセイアセットマネジメント

本コストは企業によって異なるが、日本の主要企業は8％程度である。

一方のROEは、投資家が企業に投資した金額（自己資本）からどれだけの利益を上げたのかを示す指標である。そのため、ROEが8％を超えた企業は、投資家が求めるリターン以上の利益を稼ぎ出しているとして、投資対象となる。一方、ROEが8％を下回る企業は、期待以上のリターンが得られないとみて、投資対象から除外される。

ROEから株主資本コストを引いた値は、「エクイティスプレッド」と呼ばれる。PBRを1倍超にするには、エクイティスプレッドをプラスにする必要がある。

調査を実施したニッセイアセットマネジメント投資工学開発センター長の吉野貴晶氏は、「企業にとってROE8％がハードルレート（最低限必要な収益率）と言える。企業がPBRを1倍超に上げていくためには、まずはROEを8％に高めるべき」と助言する。

ROEは、収益向上や自社株買いなど、企業自身の努力によって高めることができる。そのため、投資家が低ROEの企業を見ると、「経営者は株主に利益を還元する意思がないのか」などと思う。ROE8％は、企業が投資家に注目されるためのエントリーと言える。

法則2 情報発信力がPBRに直結

PBR（株価純資産倍率）を高めるには、投資家に自社の存在を知ってもらい、企業が置かれている状況や戦略を理解してもらう必要がある。企業が優れた技術やノウハウを持っていたとしても、それが投資家に伝わらないと意味がない。PBRと企業の情報発信力には、関係性がある。

資産運用会社や証券会社は、企業を分析・評価するアナリストを置いている。企業を見ているアナリストの人数と、PBR・ROE（自己資本利益率）の関係を見てみよう。15人以上のアナリストがいる企業のPBRは平均1・86倍で最も高い。続いて、10～14人のPBR1・25倍、7～9人のPBR1・13倍となる。多くのアナリストに見られている企業ほど、PBRが高い。

アナリスト数と相関あり

この傾向は日本と欧米企業を比べても確認できる。日本のTOPIX（東証株価指数）500企業を見ると、最も多いのがアナリスト6

■アナリストの数とPBRの関係

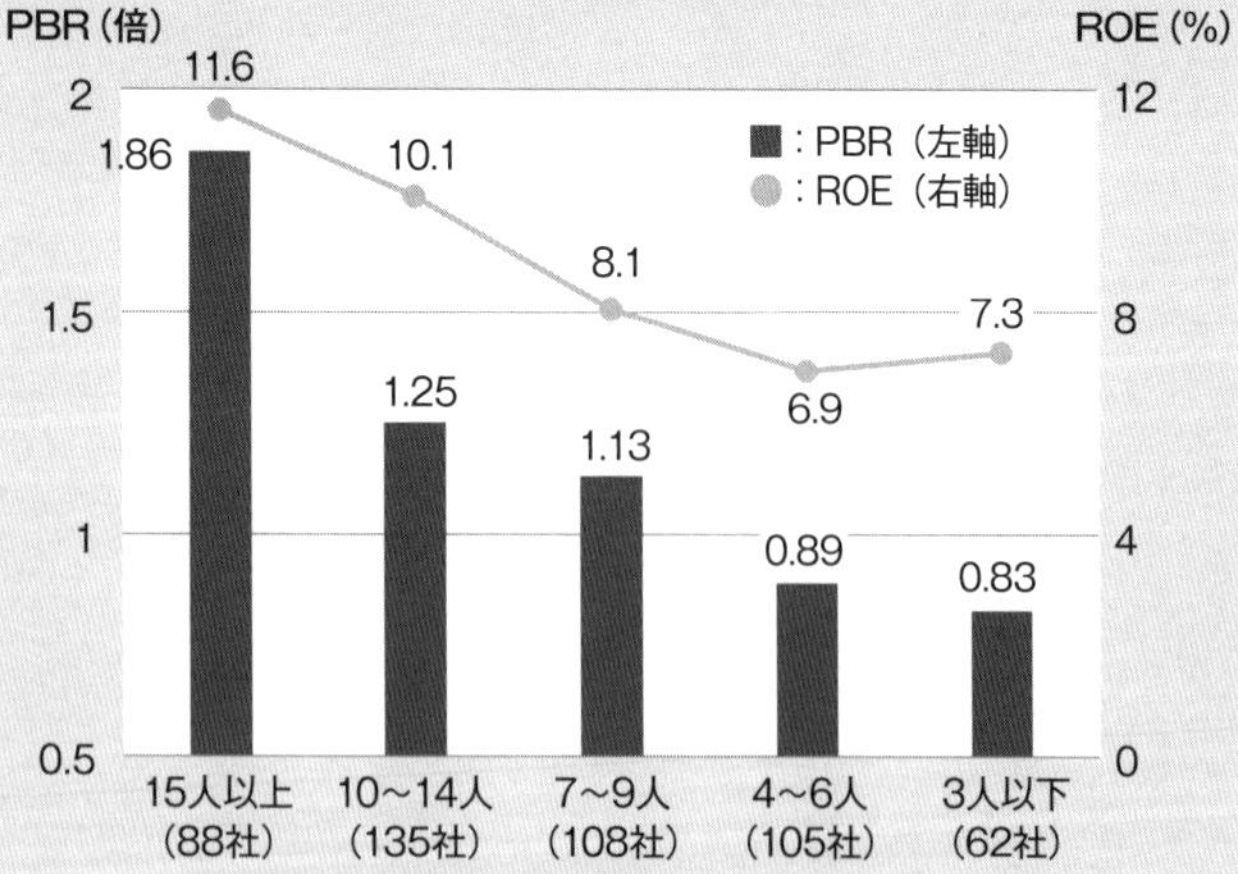

出所：HRガバナンス・リーダーズ　TOPIX1000が対象企業

～8人の企業だ。一方、米国と欧州の主要企業は18～23人が最も多い。日本の主要企業のPBRは約1倍、欧州は約2倍、米国は約3～4倍である。PBRが高い米国や欧州の主要企業は、多くのアナリストに見られている。

情報発信を強化するとPBRが高くなるのはなぜか。それは、PBRの構成要素であるPER（株価収益率）を高めることにつながるからだ。PERは、投資家か

■ 日本と欧米の主要企業のアナリスト数

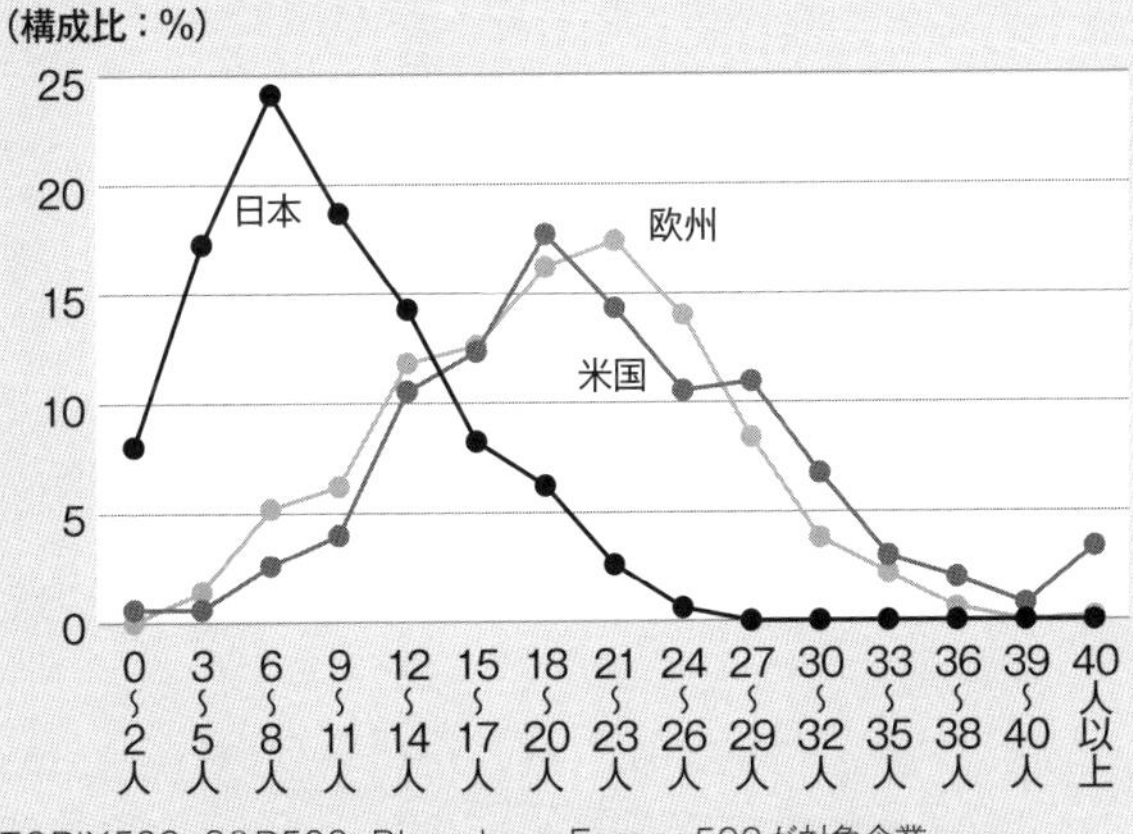

TOPIX500、S&P500、Bloomberg Europe500が対象企業
出所：HRガバナンス・リーダーズ

ら見た企業の期待が反映される。成長するための経営戦略や組織体制などが投資家にとって魅力的に映れば、PERは上がる。経営者が成長ストーリーを積極的に発信することが、PBR向上につながる。

調査を実施したHRガバナンス・リーダーズの朝田悠人コンサルタントは、「ROEが一定の水準にありながらPBRが低水準にとどまる企業は、戦略策定や情報発信などに改善の余地が残っている場合がある」と話す。IRの強化は企業価値向上への投資である。

第3章　PBRが企業を変える

本章は、『日経ESG』の記事を基に再構成した。数値や肩書などは掲載時のものである。

『日経ESG』2023年4月号特集「目指せPBR1倍超、成長軌道へ」
『日経ESG』2023年5月号ニュース「サプライズで訴求、「1倍超」へ」
『日経ESG』2023年11月号ニュース「大和ハウス、事業変革でPBR改善へ」
『日経ESG』2024年4月号特集「PBR向上の心得」

4

株主総会が変わる

1倍割れ企業に集中砲火
株価低迷、なぜ早急に動かない

東証の「PBR（株価純資産倍率）1倍超」要請が、低迷する株価に我慢を強いられている株主を動かした。Zホールディングス（現LINEヤフー）、パナソニックホールディングス、みずほフィナンシャルグループの株主が、株主総会で経営者に詰め寄った。

「現状の株価は経営陣一同、厳粛に受け止めています。PBR1倍割れは、グロース（成長）株を標榜する当社として非常に残念であり、ご心配をおかけしております」

Ｚホールディングスの出澤剛社長が、目の前の株主にこう陳謝した。２０２３年に入ってＰＢＲ1倍割れが続くＺホールディングスが23年6月16日に開催した株主総会では、ＰＢＲと株価の向上策に関する質問が次々と上がった。この発言は、株主から事前に寄せられた質問に対する最初の回答だ。

ＰＢＲは、企業価値を示す指標の1つで、企業が持つ資産（純資産）に対して、市場が付けた値段（時価総額）が何倍あるかを見る。ＰＢＲ1倍未満は、企業を解散して資産を分配した方が株主にとって価値があるという状態だ。ＰＢＲは、ＲＯＥ（自己資本利益率）とＰＥＲ（株価収益率）の掛け算で表され、ＲＯＥは「株主資本からどれだけ効率的に利益を生み出したか」、ＰＥＲは「将来どれくらい収益拡大が期待できるか」を表す。ＰＢＲの向上には、資本効率と成長期待を高める必要がある。

株主からの質問は止まらない。「株価低迷の原因は何か」「増配や自社株買いをすべきではないのか」「なぜ早急に動かないのか」など、さらに4人の株主がPBRを引き合いに出しながら、株価低迷の原因や対策について出澤社長に詰め寄った。出澤社長は、「成長戦略をしっかりやり遂げることで応えたい」と繰り返し、理解を求めた。

株価低迷の背景にあるのが、なかなか効果が出ないヤフーとLINEの統合シナジーだ。サービスの統廃合と連携強化によって、既存サービスの利便性向上や新たなサービスの登場などが期待された。しかし、低迷する株価が、その期待に応えられていないことを示している。

「はっきり言って負け組だ」

23年3月に東京証券取引所が、プライム市場とスタンダード市場に上場する約3300社に「PBR1倍超」を要請した。これが23年の株主総会の注目テーマとなった。

23年6月26日にパナソニックホールディングスが開催した株主総会では、ＰＢＲの水準を問う株主の質問が飛んだ。足元のＰＢＲは1～1・1倍で、1倍ぎりぎりだ。楠見雄規社長は、「株価は当社の成長への期待に他ならない。成長期待が確かなことを株価で示していく。ＰＢＲ2～3倍を目標にしていきたい」と述べた。

しかし、株主は満足しない。質問に立った他の株主からは、「はっきり言って負け組だ。企業価値を上げている日立やソニーと比べて株価は低空飛行。大企業病ではないか」と、厳しい声が飛んだ。同社は事業会社制に移行し、意思決定の迅速化を図っている。23年度中に事業ポートフォリオ改革の方向性を決め、実行していく。楠見社長は、「今、実行しつつありますので、しばらくお待ちください」と理解を求めた。

ＮＥＣもＰＢＲ1倍未満が続き、対策を強化してきた。22年8月に初めて自社株買いを実施。24年3月期の連結最終利益は前期比22・3％増の１４００億円に伸び、年間配当を前期比10円増の120円に増配する方針を掲げたことなども奏功し、PBRが1倍を超えてきた。23年6月22日に開催した株主総会で森田隆之社長は、「ようやくPBRが1倍を超えたところ。まだまだやるべきことはたくさんある」と訴え、株価のさらなる向上を目指す姿勢をアピールした。

PBRが0・6倍と低迷するみずほフィナンシャルグループも、株主質問で追及を受けた。銀行の株価は日銀の金融政策に大きく左右される。低金利政策を取る日本の銀行にとって、今は厳しい経営環境だ。それでも株主は手を緩めない。「みずほ独自の対策は取っているのか」という質問がぶつけられた。

みずほフィナンシャルグループの米澤武史常務執行役員は、「PBR1倍割れは、将来成長しないと見られているということ。早期に1倍超を目指す」と語った。ROEを前年の6・6%から8%超へ向上させる目標も示した。8000億円だった成長投資を1・1兆円まで引き上げ、強みとしている領域への投資を拡大する。

木原正裕社長も、「みずほは日本経済低迷にしっかり働きかけ、当社のＰＢＲを上げていきたい」と訴えた。

株価向上が最大の防御策

三菱ＵＦＪ信託銀行の調べによると、23年6月の株主総会シーズンに機関投資家から何らかの株主提案を受けた企業は43社あった。これらの企業のＰＢＲを見ると、74・4％がＰＢＲ1倍未満だった。ＰＢＲ1倍以上で株主提案を受けた企業は9社あったが、そのうち5社はＲＯＥが業種平均を下回っていた。株価が割安で、資本効率やガバナンスの改善によって株価上昇の余地があると見なされやすい低ＰＢＲで低ＲＯＥの企業が、狙われている。

23年1月末時点で、ＰＢＲ1倍未満のプライム市場上場企業は50％を占める。割安でガバナンスが未熟な企業が多い日本市場は、アクティビストにとって「攻めがいい」のある市場といえる。企業価値の向上が、最大の防御策になる。

PBR(株価純資産倍率)の低い企業が狙われた

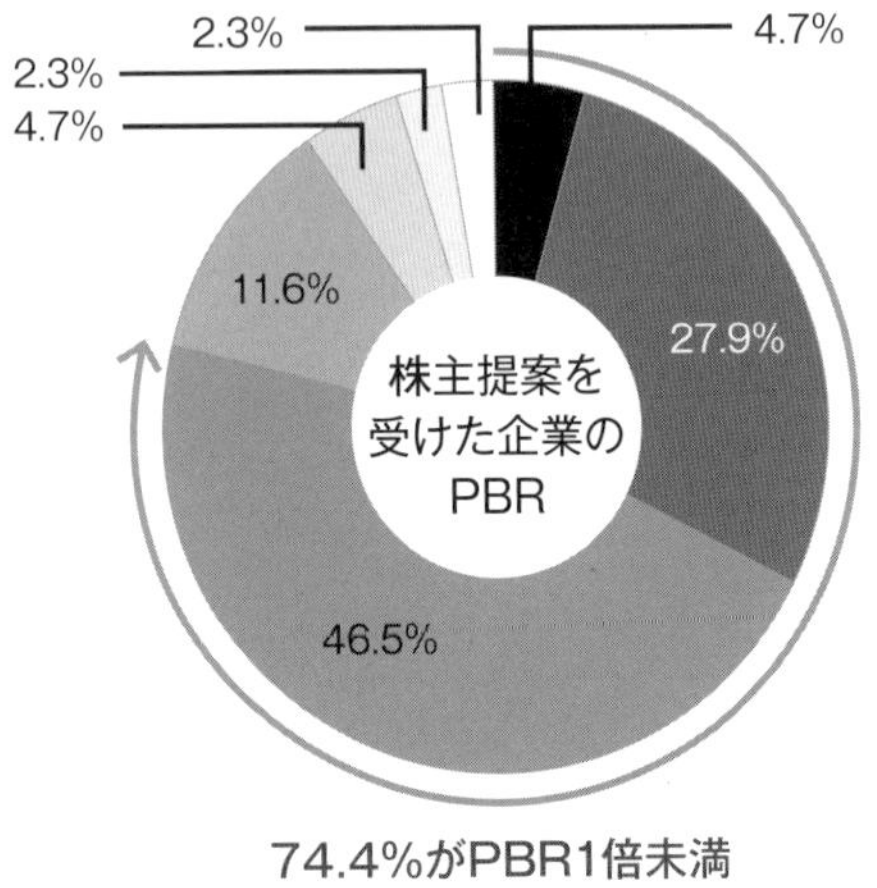

:~0.3未満	:1.2以上~1.5未満
:0.3以上~0.6未満	:1.5以上~2.0未満
:0.6以上~1.0未満	:2.0以上
:1.0以上~1.2未満	

出所:三菱 UFJ 信託銀行

アクティビストが上場廃止迫る矛先は中堅・中小企業にも

国内アクティビスト（物言う株主）が中堅企業のワキタに、7つの株主提案を突きつけた。「2025年までにROE（自己資本利益率）5％」という目標を掲げる中期経営計画の見直しを迫る。

「PBR（株価純資産倍率）1倍以上にするという要請に応えられないのなら、上場をやめる方がよいのではないか」

23年5月25日、大阪市西区にある建機のレンタルや販売を手掛けるワキタ本社9階の株主総会会場。国内アクティビストのストラテジックキャピタルの丸木強社長は、ワキタの経営陣にこう迫った。

この質問に対して脇田貞二社長は、「PBRの改善については速やかに行いたい」と答え、「まずは中期経営計画で掲げたROE5%という目標の達成に全力で取り組んでいきたい」と語った。ワキタは、プライム市場に上場する時価総額600億~700億円の中堅企業である。

アクティビストの矛先は、もはや大企業だけではない。23年、シンガポールのエフィッシモ・キャピタル・マネージメント、香港のオアシス・マネジメン

脇田 貞二氏　ワキタ　社長

ト、村上ファンド系のシティインデックスイレブンスなどの著名アクティビストが、日本の小型株で構成する株式指数「TOPIX Small」の銘柄をターゲットにした。日本の中堅・中小企業に対する攻勢が強まっている。

「利益の全てを配当に」

ストラテジックキャピタルがワキタの株主となったのは20年から。23年で3回目の株主提案となる。丸木社長が注目したのは、ワキタのPBRの低さだ。ここ3年間のPBRは0・5～0・8で1倍を

丸木 強氏　ストラテジックキャピタル　社長
写真：中島 正之

割っている。

ワキタは、22年4月に公表した中期経営計画で、25年までにROE5％を目指す目標を掲げた。当期純利益における配当と自社株買いの割合を示す総還元性向を100％とする株主還元策なども打ち出し、株価は約4割上昇したが、それでもPBRは0・7倍前後にとどまっている。

ストラテジックキャピタルは、「PBR1倍以上を目指す計画の策定と開示に関する定款変更」を含む7つの株主提案を出した。PBRが低迷する要因として、ワキタの不動産事業の利益率の低さや、自己資本比率の大きさを指摘している。

ワキタの事業領域は、建機レンタルなどの建機事業、カラオケ機器などの商事事業、ホテルやビル賃貸などの不動産事業の3つである。丸木社長は、不動産事業は資本効率が低く、主力の建機事業との相乗効果も見込めないと主張。株主総会で、「不動産事業の簿価が時価総額の約80％を占めており、不動産事業のROIC（投下資本利益率）はわずか2・5％だ」と訴え、不動産の保有ではなく管理・運用に特化した事業への転換を迫った。

ワキタの23年2月期決算時点の自己資本比率は71・2％である。総資産は1386億円で、そのうち利益剰余金が710億円と、半分以上を占めている。そこでストラテジックキャピタルは、利益の全額を配当に回す「配当性向100％」を求めた。

不動産事業は、アクティビストの攻撃の的になりやすい。多くの事業が混在することで企業価値が低下する「コングロマリット・ディスカウント」を嫌うからだ。23年3月には、海外アクティビストの3Dインベストメント・パートナーズが、サッポロホールディングスの酒類事業と不動産事業の相乗効果を疑問視し、不動産事業の切り離しを要望した。

対するワキタは、成長事業への投資、ＩＲ（投資家向け広報）の強化、株主還元の強化で、ＰＢＲの向上を図る考えだ。

23年3月に介護大手ニチイホールディングス傘下のニチイケアネットを買収。新たな成長事業として介護事業に乗り出した。介護機器のレンタルでは建機事業のノウハウが、介護施設の取得では不動産事業のノウハウが生かせるとしている。

決算説明会などで投資家への情報提供を強化し、個人向けのＩＲ説明会も実施して、ＩＲを強化する。脇田社長は、「積極的なＩＲで経営の透明性を高めて資本コストを下げ、それをＰＢＲ向上につなげる」と話す。

23年2月期は、株主還元を強化した。配当と自社株買いを合わせた総還元性向を前年度の47・9％から100％に引き上げた。23年から25年の3年間は毎期、総還元性向100％を維持する方針だ。

「経営は長期的視座で」

決議の結果、7つの株主提案は全て否決された。賛成率は、ＰＢＲに関する計画策定は20％、配当性向100％については20・9％だった。丸木社長は、「ワキタの安定株主は50％程度とみている。一般株主の半数程度は反対しており、この事実を受け止めてもらいたい」と語る。脇田社長の再任決議の賛成率は、76・4％だった。脇田社長は、「決して高くない。利益水準が十分でないという評価だ」とみる。

丸木社長は、ワキタが掲げた「25年にROE5％」という目標の引き上げも求めている。「低い目標を掲げた状態では、いくらIR活動をしても株価は反応しない。ROE目標は8％以上にしなければならない」として奮起を促す。一方の脇田社長は、「ROE5％はあくまでも通過点だ。まずはこの目標の早期達成を図る。その次の中期経営計画で、より高い目標を目指していきたい」と語る。

アクティビストによる経営への関与について脇田社長は、「投資家視点に気付くいい機会を頂いている」としながらも、「株主第一主義とステークホルダー主義の二律背反で考えるのではなく、それぞれのステークホルダーが重要。企業は何をなすべきかが大切で、そのための長期的な視座が必要だ」とけん制する。対する丸木社長は、「経営者の気持ちが変わるのは時間がかかる。対話を繰り返して変わるのを待つ」として、忍耐強く訴えていく構えだ。

日本市場の活性化には、中堅・中小企業の企業価値向上が欠かせない。アクティビストがその一翼を担い始めた。

本章は、『日経ＥＳＧ』の記事を基に再構成した。数値や肩書などは掲載時のものである。

『日経ＥＳＧ』２０２３年９月号特集「攻防、株主総会２０２３」

5

中堅企業が変わる

高千穂交易、利益100%還元で株価3倍
思い切った決断、インパクト絶大

「年間の利益は全て株主へ還元する。これ以上、自己資本を積み増さない」

PBR(株価純資産倍率)向上のために思い切った施策を打ち出したのが、技術系商社の高千穂交易だ。2021年12月10日、ROE(自己資本利益率)が3年平均で8%を超えるまで配当性向を100%にすると宣言した。配当性向は、当期純利益の何%を配当に充てるかを示す。一般的には20~40%程度で、50%を超えると高配当銘柄と言われる中、100%という異例の決断をした。

市場へのインパクトは絶大だった。1400円付近だった株価は発表直後から

上昇し、24年2月2日には4200円となり、3倍になった。1倍割れが10年以上続いていたPBRは22年に入って1倍を超え、24年2月時点で2・2倍である。

井出尊信社長は、「内部留保を重視する安定経営から、株主視点を重視した企業価値向上の経営へシフトする。本気度を示すために何を打ち出すべきか悩んだ。3年以内なら実現できる可能性は十分にあると考え、思い切った」と語る。

顧客深耕で利益率上げる

PBRをPER（株価収益率）とROE

井出 尊信氏　高千穂交易　社長
写真：清水 真帆呂

に分解してみよう。14倍前後だったＰＥＲは30倍を超えた。プライム市場の卸売業の平均ＰＥＲは11・3倍である。これをはるかにしのぐＰＥＲは、株主の期待が高いことを示している。

こうした高い期待は、思い切った株主還元だけがもたらしたわけではない。ＲＯＥ向上の道筋と実績があってこそだ。

同社の課題は、ＲＯＥの改善である。21年3月末時点のＲＯＥは4％だった。ＲＯＥを高めるには、利益率を高める必要がある。そこで、いくつかの施策を実行に移した。

その1つが、「ロイヤルカスタマー戦略」である。1社当たりの年間売上高が3000万円以上の顧客をロイヤルカスタマーと位置付け、関係強化を目指す戦略である。顧客を広く薄く獲得するのではなく、1つひとつの顧客のニーズに深く応えていくことで、利益率の向上を狙う。同社のエレクトロニクス事業部門とメカトロニクス事業部門で顧客の課題を共有し、それぞれの部門が持つ技術やノウハウを合わせたソリューションを企業に提案していくことで、受注を拡大していった。

この結果、20年３月期に92社だったロイヤルカスタマーは、23年３月期に１０９社に増えた。９４０万円だった顧客平均売上高は11％増えて１１９０万円となり収益率の拡大につながった。25年にはこれを１３０社に高めたい考えだ。

■ 思い切った株主還元で注目を集めた高千穂交易

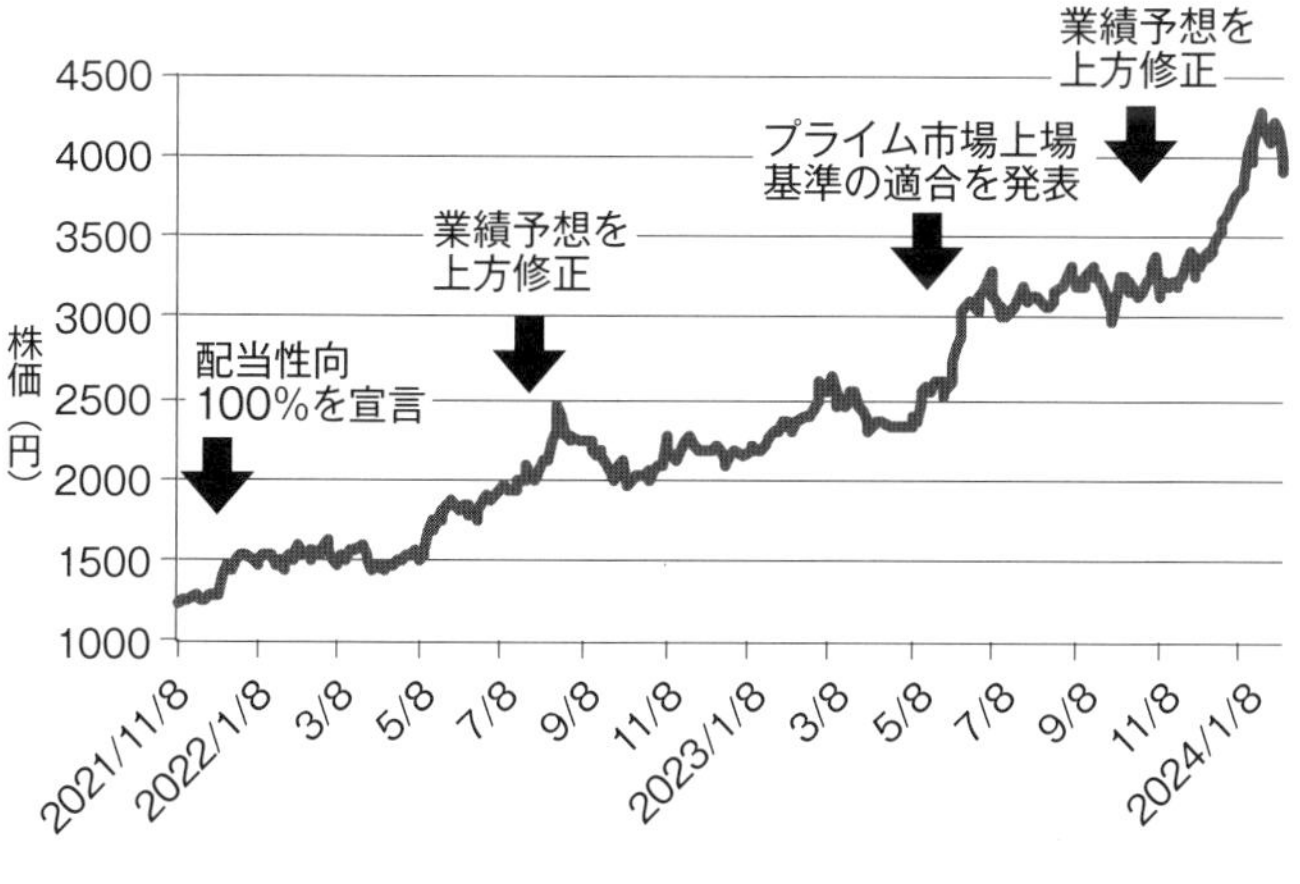

2つ目が、クラウド型サービスの拡大である。単発のモノ売りでなく、システム構築から運用・保守までを一貫して請け負うアウトソーシングサービスを拡大させた。保守費用を含む月額料金が、毎月の固定収入として継続的に入るので、収益が安定する。

クラウド型サービスは、利用者数の増加に対して、設備投資の追加コストを低く抑えられる。そのため、利用者数が増えるほど利益率が高まる。同社の一般的な事業の営業利益率は数%であるが、クラウド型サービスは20%を超える。

中でも力を入れているのが、無線ＬＡＮシステムを対象としたクラウド型サービスである。同社が運用する無線ＬＡＮ機器は市場に約1万7000台あり、市場シェアは9%程度とみている。25年3月末までにこれを2万7000台に伸ばし、市場シェアを15%まで高めたい考えだ。同社クラウドサービス&サポート事業の22年3月期の売上高は21億円で、25年までに40億円に倍増する計画を掲げている。

こうした施策によって収益率が高まり、23年3月期のＲＯＥは7・7%に上昇した。目標として掲げたＲＯＥ８％が見えてきた。

支援5倍で社員を株主に

ただ、社長がいくら改革を訴えても、社員の意識が伴わなければ成功しない。そこで、経営陣と従業員を巻き込んだガバナンス改革にも乗り出した。取締役の業績連動報酬を改訂し、役員報酬における業績連動報酬の割合を増やした。また、業績連動報酬の指標として、従来の経常利益に加えてＲＯＥを採用した。

22年４月から社員が株主目線を意識できるよう、従業員持ち株会の加入を促している。自社株購入時の補助額はこれまで拠出額の10％だったが、これを50％に拡充。21年４月に53・９％だった従業員持ち株会の加入率は、23年３月に79・６％になった。経営企画室の鶴保直子室長は、「社員同士で株価の話をする機会が増えた」と話す。従業員が株主になることは、株価を意識した経営につながるとともに、社員の目で社長をはじめとする経営陣を規律付けるガバナンスの向上にもつながる。

課題は、事業規模の拡大である。これまでM&A（合併・買収）は社長が主導して決めていたが、期待した効果が出ていないケースもあった。そこで、M&Aを議論する投資委員会を設置。社長はあえてメンバーに入れていない。これまで無借金経営を続けてきたが、負債を活用した企業買収も視野に入れている。

投資家との対話や広報を担うIR専任者を置き、機関投資家との面談数をこれまでの2倍に増やした。投資家の高い期待を業績向上につなげる好循環を維持できるか。株価を意識した経営と、それを実践する社員一人ひとりの意識が鍵を握る。

三陽商会、ＰＢＲ改善宣言で株価向上
黒字転換に満足せず成長訴える

アパレル大手、三陽商会の株価が跳ね上がった。２０２３年10月６日の東京株式市場で、前日終値に比べ22％高いストップ高となった。

同社と英バーバリーとのライセンス契約が切れたのは15年６月。それ以降、業績悪化に苦しんでいたが、23年２月期に売上高が５８２億円、営業利益が22億円となり、通期決算として７期ぶりに営業黒字に転換した。23年３月から８月までの中間決算も、売上高が２８１億円、営業利益が７億円となり、中間決算として８期ぶりに黒字を確保した。

前年同期と比べて売上高が11％増えた。新型コロナウイルス感染症の５類移行によって人流が回復したことや、インバウンド（訪日外国人）客の増加で百貨店や

直営店での売り上げが増えたことなどが要因だ。

事業再生プランが奏功

株価向上には「起爆剤」があった。23年10月6日に決算結果と併せて開示した「PBR（株価純資産倍率）改善計画」だ。大江伸治社長は、「当社の株価はPBR1倍割れが継続しており、前期末で0・45倍、直近でも0・65倍で市場から十分な評価を得られていない」と語った。黒字転換しても今の株価には満足していないというメッセージだ。

決算発表では、PBR改善策も説明した。経営統轄本部長の松尾峰秀氏は、「同時に発表・説明した方が効果があると考えた」と打ち明ける。黒字転換を成長の裏付けにし、PBR改善計画で意気込みを示す。これが投資家の好感につながった。

同社の最優先課題は、ROE（自己資本利益率）の向上だ。23年2月時点の

ROEは6・1％である。株主が要求するリターンである株主資本コストは8％弱とみており、今はROEが株主資本コストを下回っている。25年2月期にはROEを8・5％にする目標を掲げている。

同社が事業再生プランとして掲げた改革に成果が見えてきた。この取り組みを継続・強化する。その1つが品番集約だ。これまで1ブランド当たり200～300種類の品番を用意していたが、これを半分に減ら

■ 三陽商会の株価

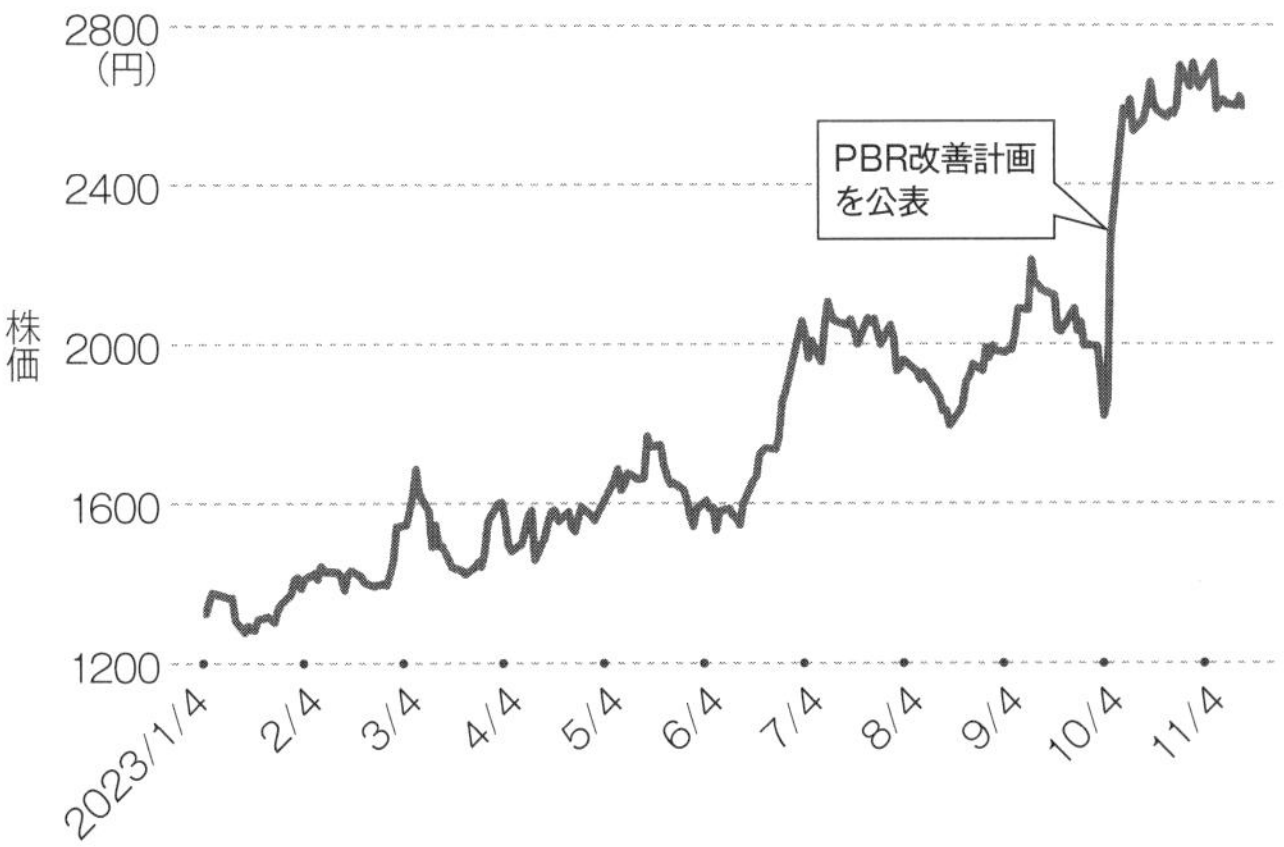

した。数の追求から、限られた商品を売り切る方針への転換である。

これが、値引き販売の抑制につながっている。売れ残った商品はバーゲンセールなどで値引きして売り切ることになる。売れ残りの商品を店頭に並べ続けるのは、待っていれば値下がりするだろうと考える顧客を増やし、ブランドイメージの低下にもつながる。値引き販売の抑制により、定価販売の比率が前年同期より2ポイント増えて68％となった。平均売価は12％向上し、売り上げ増と利益改善につながった。


株主還元の強化も打ち出した。配当方針を示すＤＯＥ（株主資本配当率）は23年2月期は2％だったが、24年2月期はこれを3％に引き上げる。25年はさらに1ポイント引き上げ、総額14億６０００万円とする意向だ。

大江社長は、「当社の将来の企業価値についてよりクリアな展望を持っていただけるよう努力する」として手を緩めない。三陽商会のＰＥＲ（株価収益率）はここ

3年ほど8～12倍で推移している。プライム市場における繊維製品業の23年10月時点の平均PERは19・7倍である。同社の将来に不透明さが残っており、期待が醸成されていないことを表している。

黒字基調の定着を示すには、IR（投資家向け広報）の強化が欠かせない。その一手が、22年3月に設置したIR部だ。これまでIRは、広報全般を実施する経営企画部が担っていたが、投資家・株主との対話・広報を通して企業

大江 伸治氏　三陽商会　社長
写真：三陽商会

価値向上を担う部署として独立させた。ＰＢＲ改善計画の策定・公表も、ＩＲ部の主導によるものだ。

投資家の声を経営に生かす

ＩＲ部の大きな役割が、投資家の声を取締役に伝え、議論を促すことである。そこで年に2回、投資家対話で出された投資家の意見を取締役会に伝え、経営に役立つヒントや改善点を議論するようにした。

この取り組みが、新たな戦略や事業を生み出しつつある。そのきっかけの1つが23年3月に公表したマテリアリティ（重要課題）とその目標だ。投資家や株主から「御社の強みや重点課題は何か」という声が多かった。社員を巻き込んでマテリアリティを議論し、半年で策定した。

同社が掲げた4つのマテリアリティのうちの1つ「サーキュラーエコノミーへの取り組み」に、成長の芽を見いだそうとしている。23年9月に経営会議直轄のサステナビリティ委員会に「リユース事業ワーキンググループ」を設置した。リサイクルの強化、古着の認定システム、流通網の構築などの事業化について議論を重ねている。

ただ、道のりは険しい。同社が19年から国内展開するスペインのブランド「エコアルフ」は採算が取れていない。エコアルフは、海洋ごみのリサイクル繊維などを使った商品づくりが特徴である。25年までの黒字化を目指し、日本の漁師との協業や日本の消費者に合わせた商品展開などを模索している。

バーバリーに匹敵する人気ブランドをつくれるか。さらなる成長に向けて、実力が試される。

高島、堅実経営から成長経営へ
ガバナンスと後継者計画で覚悟示す

高島は、1915年創業の歴史ある専門商社だ。創業時は、産業用繊維の卸売りを手掛け、50年代には産業資材や建材、70年代には電子部品と、その時代の社会の要請に合わせて事業領域を変えてきた。2000年代からは、建材、産業資材、電子・デバイスの3分野を柱として、社会の省エネ・軽量化・省力化に貢献する「サステナの先進商社」として事業を展開している。

直近10年間の当期純利益は10億円前後と安定した業績を残しており、堅実な収益基盤と財務基盤を築いてきた。そんななか、東証からプライム市場の条件を満たしていないという通知が21年7月に届いた。

プライム市場に残留するか、スタンダード市場に降格するか、選択を迫られた。経営会議では、「身の丈のスタンダード市場でもよいのではないか」とする意見がある一方、「成長のチャンス。プライム市場に挑戦しましょう」という声も上がった。高島幸一社長は、「商社は自ら製品を生み出しているわけではなく、上場こそがブランドの源になっている。プライム市場を選ばないという選択肢はなかった」と語る。

こうしてつくり上げたのが、24年3月期～26年3月期を対象とする次期中期経営計画と連動させた、プライム市場への適合計画である。26年3月期の経営目標として、当期純利益15億円、ＲＯＥ（自己資本利益率）８％などを掲げた。Ｍ＆Ａ（合併・買収）を含めた70億円の成長投資や、負債を活用した大型投資なども打ち出し、これまでの「堅実経営」から「成長経営」へかじを切った。

「暫定銘柄」として注目

同社が適合計画を打ち出すと、「暫定プライム銘柄」として投資家から注目を集めるようになった。同社が実施したことと、株価の動きを見てみよう。

21年11月10日、この適合計画の発表を受けて株価は前日の1897円から発表後に2217円と、17％向上した。この発表では、株主還元のサプライズも含んでいた。同社初の中間配当の実施を発表。配当と自社株買いの合計を純利益で割った総還元性向を、これまでの20％台から50％台に向上させた。還元額の下限も5億円に設定した。高島社長は、「取締役会で進捗状況をモニタリングしている。基準を満たせないと判断すれば、すぐに追加施策を打てるようにしている」と話す。

市場の好意的な反応を受け、経営陣をはじめ社員の意識も変わっていった。産業資材と電子・デバイス事業の増益が寄与し、22年3月期の当期純利益は、前期比29・6％増の12億9600万円となった。21年3月期〜23年3月期の中期経営計画の最終年度まで1年を残し、目標の13億円をほぼ達成。これを受け、利益目標を14億円に上方修正した。

22年5月11日には、プライム上場基準の達成状況を公表した。このときも、株価が反応した。ROEは、前期の5・9％から7・2％に向上。同社は、投資家が求めるリターンである株主資本コストは6・2％と推

■ ROEと株価はおおむね連動

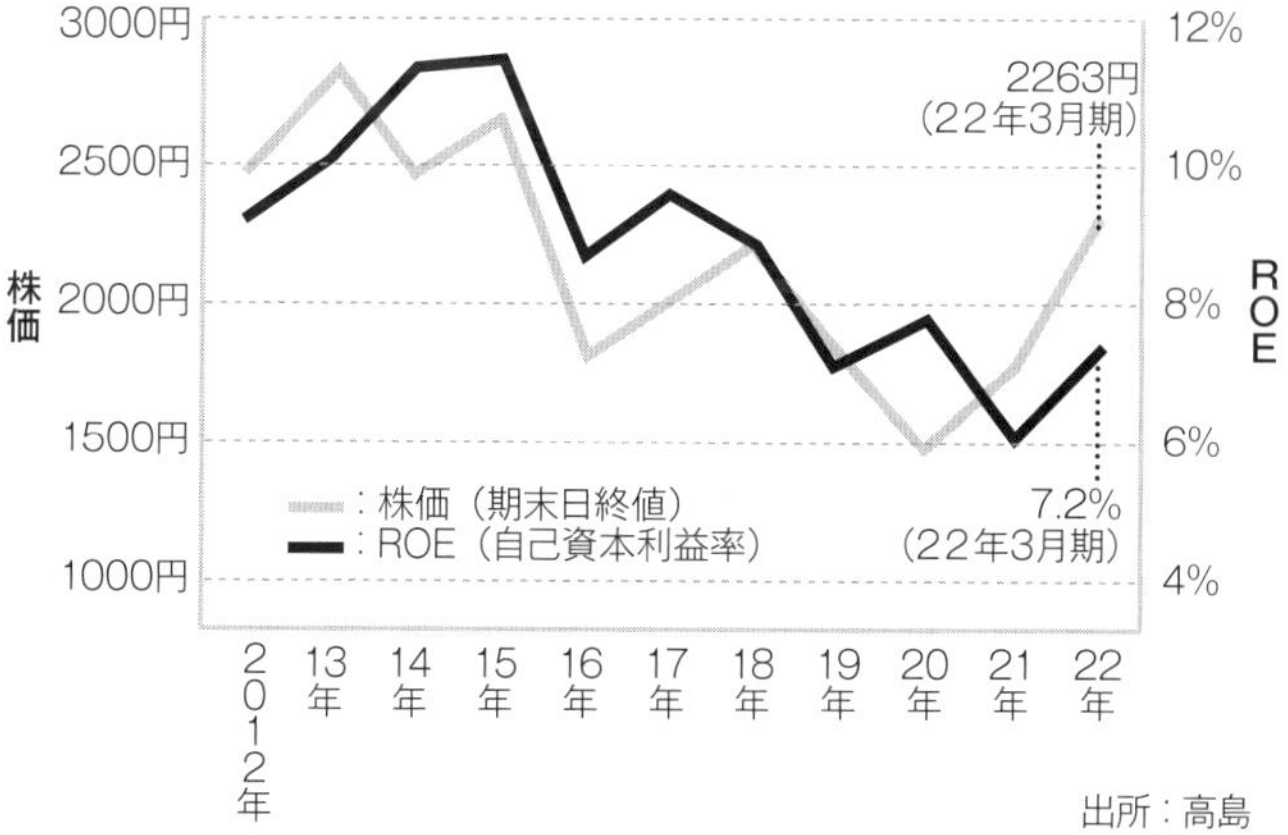

出所：高島

定しており、ROEが株主資本コストを上回ったことも公表した。

投資家が注目するのは、要求するリターン以上に、企業が利益を上げられているかだ。ROEが株主資本コストを上回る状態が続けば企業は成長し、PBR（株価純資産倍率）も高まっていく。同社の過去の実績を見ると、ROEと株価はおおむね連動している。


堅実経営からの脱却を象徴する機会になったのが、M&Aの実施だ。22年11月14日に、再び達成状況を公表した。その際、再生可能エネルギー設備の施工などを手掛ける新エネルギー流通システム（福岡県大野城市）や、医薬品や環境衛生資材の開発・販売などを手掛ける信防エディックス（長野市）の子会社化を発表した。買収資金は、三井住友銀行の「SDGs推進融資」をはじめ3つの金融機関から合計30億円を借り入れ、この一部を充てた。

これまで70億円としていた成長投資の目標は、100億円に拡大した。26年3

月期の当期純利益目標を、15億円から17億円に引き上げた。

負債の活用は、「財務レバレッジ」と呼ばれ、ＲＯＥを向上させる効果をもたらす。同社はこれまで、現預金が有利子負債よりも大きい「実質無借金経営」を実践していた。無借金経営は財務的な安全性は高まるが、成長分野に積極的に投資して利益拡大を狙う「攻めの経営」とは見られにくい。そこで、適合計画の提出を機に、財務レバレッジを有効活用していくという方針に転換した。

成長を「宣言」で終わらせるのではなく、実践して進捗を示しながら、さらに高い目標を掲げる。こうした一連の取り組みを市場は好意的に受け止めた。22年11月14日の時点で２６７８円だった株価は、11月末に３０１０円となり、年初来高値を更新した。

ガバナンス・コードを活用

株価が高まったということは、投資家が高島の経営を信頼・期待しているということだ。ただ単に一連の施策を発表しただけでは評価は続かない。背景の1つに、投資家の信頼に応えるガバナンスがある。

高島社長は、一般消費財メーカーのプロクター・アンド・ギャンブル（P&G）に20年間勤め、そこで米国型のガバナンスを肌で感じてきた。高島社長が高島に入社したのは02年。このとき同社は10を超える事業に手を出し、その多角化がたたって業績が低迷していた。負債の返済にも追われ、株価は大きく落ち込んでいた。

こうした中、高島社長が着手したのが社外取締役の活用だ。早期から経営に社外の目を取り入れ、事業の効率化を図っていった。24年4月時点の取締役は8人中4人が社外取締役である。社外取締役を交えてコーポレートガバナンス・コードを読み込み、経営のヒントを探った。取締役会が「お手盛り」にならないよう、取締役会の実効性評価と改善を繰り返した。

高島社長は創業家の出身だが、世襲に縛られない後継者計画を整え、後継者の指名・育成を進めている。社外取締役を議長とする指名委員会を設置し、社長の資質や能力などを定めた要件に基づいて、後継者を選抜する。指名委員会で議論された候補者の評価は、毎年、後継者候補本人とその上司に開示し、透明性を高めている。

後継者計画で覚悟示す

「取締役会の実効性」と「後継者計画」は、投資家が企業を評価する際に最も気にする要素だ。いくら内容の優れた経営計画があっても、それをしっかり監視・監

高島 幸一氏　高島　社長
写真：中島 正之

督するガバナンスがなければ、計画の着実な実行と将来の成長は見込めない。機関投資家との対話でも、これらの点が問われることが多かったという。

高島社長は、「私も含めて取締役の任期は1年。再任するかどうかは社外取締役が中心となる指名委員会が決める」と話す。こうした経営の緊張感や社長の覚悟が投資家に伝わっていることが、企業の信頼や期待につながり、株価の反応にもつながった可能性がある。

この先、時価総額のさらなる向上を目指す。22年3月末時点の流通株式時価総額は63億4000万円で、プライム市場の上場基準である100億円に向けて加速させる。高島社長は、「持続的に成長するというメッセージの発信を強化し、株価の推移を見ながら機動的に手を打っていく」と話す。時価総額の向上をPBRの向上につなげていく。

本章は、『日経ＥＳＧ』の記事を基に再構成した。数値や肩書などは掲載時のものである。

『日経ＥＳＧ』２０２３年４月号特集「目指せＰＢＲ1倍超、成長軌道へ」

『日経ＥＳＧ』２０２４年１月号ニュース「ＰＢＲ改善宣言で株価向上」

『日経ＥＳＧ』２０２４年４月号特集「ＰＢＲ向上の心得」

6

M&Aが変わる

ニデック、低PBR企業に同意なき買収
国が方針転換、買収後押し

東京証券取引所が2023年3月に上場企業に発出した「PBR(株価純資産倍率)1倍超」の要請が、企業価値向上に挑む経営者を後押ししている。この動きが、企業のM&A(合併・買収)にも波及し始めた。ニデックは低PBR企業を狙う。伊藤忠商事は高PBR企業を取り込む。

PBRは、企業価値を示す指標の1つで、企業の資産(1株当たり純資産)に対して、市場が付けた値段(株価)が何倍あるかを見る。PBR1倍未満は、企業を解散して資産を分配した方が株主にとって価値があるという状態だ。

「同意なき買収」踏み切る

ニデックは23年7月13日、東証スタンダード市場に上場する工作機械メーカー、TAKISAWAに買収提案すると発表した。ニデックが21年に参入した工作機械事業の幅を広げ、規模拡大を狙う。ニデックは、TAKISAWA経営陣の同意が得られなくてもTOB（株式公開買い付け）に踏み切る姿勢を見せた。日本企業が対象企業の同意を得ないままTOBを強行するのは珍しい。

23年7月20日にニデックが開催した決算説明会で、永守重信会長兼CEO（最高経営責任者）（現グローバルグループ代表）が、買収の狙いを語った。焦点となったのがPBRだ。買収提案前までTAKISAWAのPBRは0・4～0・5倍で推移していた。永守会長は、「PBR0・5倍という状況をどうやって1倍に持っていくのか。簡単な方法などない。それがうちと一緒になれば実現できる」と語った。

発表後、TAKISAWAのPBRは0・9倍に跳ね上がり、23年8月25日時点でもこの水準で推移している。

同意なき買収に踏み切った背景には、低PBRの改善に向けたM&Aなら株主の理解を得られるという目算がある。永守会長は、「日本は変わっていかなければならない。誰かが窓を開けていかないと進まない」と主張。そして、「15年前なら〝乗っ取り〟などと言われて失敗したかもしれない。しかし時代が変わった。経済産業省の指針にものっとっている」として、理解を求めた。

永守会長が語る「指針」とは、経産省が策

永守 重信氏　ニデック　会長兼CEO（最高経営責任者）（現グローバルグループ代表）

定した「企業買収における行動指針」である。指針では、「企業価値を高める提案を安易に断ることにならないよう留意する必要がある」として、取締役会における真摯な検討を求めている。

買収価格でPBRが焦点になったのが、調味料や健康食品素材を手掛けるスタンダード市場上場の焼津水産化学工業だ。23年8月4日に投資事業を手掛けるYJホールディングスが同社にTOBを実施すると発表した。焼津水産化学工業はこれに賛同し、株式の非公開化を目指す意向を表明した。1株当たりの買い付け価格は1137円である。

この金額に「ノー」を表明したのが、焼津水産化学工業の株主で投資会社のナナホシマネジメントである。1137円という買い付け価格は「PBRに換算すると0・7倍にすぎない」とし、「上場廃止ではなく株主の利益を優先すべきで、株主にとって理不尽な公開買い付け価格の打診を拒否すべきだ」と主張し、経営陣に

ＴＯＢの撤回を求めた。
株主の利益を考慮した買収になっているか、経営陣は説明が求められる。

成長期待狙った伊藤忠商事

一方、企業の高いＰＢＲを取り込もうと動いたのが、伊藤忠商事だ。23年8月2日に上場子会社でＩＴシステム開発大手の伊藤忠テクノソリューションズ（ＣＴＣ）へのＴＯＢを発表した。約3876億円を投じて完全子会社化する方針で、伊藤忠商事が力を入れるデジタルトランスフォーメーション（ＤＸ）事業との連携を強め、収益力の強化を狙う。

伊藤忠商事が注目したのが、ＣＴＣのＰＢＲだ。23年8月4日に開催した決算発表会で同社の鉢村剛ＣＦＯ（最高財務責任者）は、「ＩＴ（情報技術）とデジタル分野の成長率の高さに加え、市場のＰＥＲ（株価収益率）やＰＢＲの高さを当社に取り込む意義もあると考えている」と語った。

ＣＴＣをはじめとするＩＴ関連企業は、将来の成長期待が大きくＰＢＲが高い企業が多い。23年7月時点のプライム市場全体の平均ＰＢＲが1・2倍なのに対し、情報・通信業２０８社の平均ＰＢＲは２・４倍である。買収発表前のＣＴＣのＰＢＲは２・５〜３倍で推移していた。伊藤忠商事はＣＴＣの事業とともに、この成長期待を取り込む狙いがある。

これまで同意のない企業買収は「敵対的買収」と呼ばれ、日本では避けられることが多かった。しかし、低ＰＢＲに甘んじて

高PBR企業を取り込む伊藤忠商事
写真：yu_photo/stock.adobe.com

きた企業にとって、急に企業価値を向上させるのは難しいと考える経営者がいるのも事実だろう。そのとき、M&Aが選択肢の1つになる。東証の企業価値向上の要請は、企業の新陳代謝も促している。

大正製薬HD、7100億円MBOで上場廃止「割安退場」許さず、株主が異議

PBR（株価純資産倍率）1倍を下回る買い付け価格は許されるのか。株主が疑問を投げかけた。

「少数株主を軽視した判断だ。日本市場に規律はあるのか。世界の投資家からそう思われる懸念がある」

マネックスグループ傘下で投資信託「マネックス・アクティビスト・ファンド」などに投資助言を行うカタリスト投資顧問の平野太郎社長は、不満と危機感をあらわにする。

平野社長が指摘するのは、2023年11月24日に大正製薬ホールディングスが公表したMBO（経営陣が参加する買収）の買い付け価格である。大正製薬HDはMBOを成立させ、非上場化を進める意向を公表。同社が示した買い付け価格は1株当たり8620円で、買収総額は約7100億円の見込みである。23年11月24日の終値から5割以上のプレミアム（上乗せ幅）があるが、18年の高値より約4割安い水準だ。

企業価値を示す指標のPBRで見ると、株価8620円はPBR0.85倍になる。23年3月に東京証券取引所がPBR改善要請を出し、PBR1倍が最低水準という考えが広まってきた。こうしたなか、1倍を下回る0・85倍という水準で市場から退場しようとする経営陣に批判の声が上がった。

業績低迷で株価も下落

カタリスト投資顧問は、同社が投資助言する2つのファンドで大正製薬HDの株式を保有していた。マネックス・アクティビスト・ファンドの純資産総額は約150億円で、約5％が大正製薬HDへの投資である。

大正製薬HDは、ドリンク剤「リポビタンD」や総合感冒薬「パブロン」など、高い知名度の商品を持っている。しかし、近年の業績は低迷していた。一般用医薬品の国内市場は横ばいが続くとみられており、成長のためにビジネスモデルの変革が課題となっている。24年3月期の連結純利益も、前年比45％減の105億円を予想している。

ここ最近の同社は、投資家の意向に左右されることなく独自に経営を進めたいという意思が表れていた。ある資産運用会社の担当者は同社のＩＲ（投資家向け広報）について、「経営陣が対話に応じることはほとんどなく、つれない対応が多かった。そのうち同社をカバーするアナリストも少なくなってきた」と話す。

こうした姿勢は、22年4月の東証の市場再編時にも見られた。当時、東証第1部市場に上場していた同社は、プライム市場の上場基準を満たしていたが、あえてスタンダード市場を選んだ。プライム市場のコン

MBOで非上場化を進めた大正製薬ホールディングス
写真：J_News_photo/stock.adobe.com

セプトは、グローバル投資家との建設的な対話を中心に据えた企業向けの市場である。こうした経営とは一線を画す姿勢を見せていた。株価は1万4130円を記録した18年10月をピークに下落し、PBRも1倍割れが続いていた。

そこに目を付けたのがマネックスだ。積極的な対話によって経営陣の姿勢を変えることができれば株価の向上が期待でき、投資リターンが狙える。同様の狙いを持つ他ファンドとの連携など、経営陣に対する影響力の拡大も狙っていた。しかしその実現前に、大正製薬HDから非上場化の意向が示された。

少数株主の視点あるか

大正製薬HDはMBOの理由について、「株式上場を継続する限りは株主を意識した経営が求められ、短期的な利益確保・分配への配慮が必要になる」としている。さらに、上場を維持するための継続的な情報開示や株主総会運営などの費用が増加しており、「経営上の更なる負担となる可能性がある」としている。

上場廃止の影響として考えられるのが、資金調達面の懸念と企業ブランドの低下だ。これについて同社は、「当面はエクイティ・ファイナンスの活用による大規模な資金調達の必要性は高くなく」、「社会的な信用やブランド力も維持可能」としている。同社の23年3月期末の自己資本比率は83・5％と高く、銀行にとっては融資しやすい相手といえる。

同社株式の18・28％を保有する最大の株主は、上原明会長が理事長を務める上原記念生命科学財団である。同財団を含めて創業家が約4割の株式を保有する他、取引先との持ち合い株も多い。マネックスは少数株主の位置付けだ。

カタリスト投資顧問の平野社長は、大正製薬HDがMBOの正当性や買い付け価格などを判断するために設置した特別委員会について疑問を投げかける。

特別委員会のメンバーは、社外監査役2人と元社外監査役1人の計3人である。経営陣の意向に沿えば、買い付け価格は安い方がよい。一方、一般株主にとってみれば、買い付け価格は高い方がよい。この利益相反を調整するのが特別委員会の役割だ。平野社長は、「議論に少数株主の視点が踏まえられていたのか。説明が必要だ」と主張する。

経済産業省の「企業買収における行動指針」では、特別委員会のメンバーは、取締役会の構成員として経営判断に直接関与することが予定され、事業にも一定の知見を有している社外取締役を中心とすることを基本としている。

取締役会で体制整備を

東証によるPBR改善要請は、企業の価値向上をもたらす一方で、要請に対応できず上場廃止を検討する経営者が増える可能性もある。買収する企業から見れば、低PBR企業は「お買い得」である。PBR1倍割れ企業に対する「同意なき買収」が進みそうだ。この先、国内企業同士で買収を仕掛けたり仕掛けられたりするケースが増えるだろう。経営者だけでなく少数株主の視点を踏まえた経営判断をしているか、株主の目は厳しさを増す。

ＭＢＯに限らず買収においては、株式をいくらで買い取るのか、提示された買収額に同意するのか、株主への説明が求められる。取締役会で、Ｍ＆Ａ経験者や投資家の視点を入れた議論ができる体制を整えておくべきだ。取締役のスキルと取締役会の実効性が問われる。

本章は、『日経ESG』の記事を基に再構成した。数値や肩書などは掲載時のものである。

『日経ESG』2023年10月号ニュース「東証のPBR要請がM&Aを後押し」

『日経ESG』2024年2月号ニュース「「割安退場」許さず、株主が異議」

7

株式投資が変わる

新型投信がＰＢＲ向上を後押し
投資家対話は向上策がテーマ

低ＰＢＲ（株価純資産倍率）企業に注目した投資信託が、注目を集めている。ＰＢＲ1倍割れ企業に対する対話や議決権行使が、厳しさを増していきそうだ。東京証券取引所で、新たな投資信託の上場が始まった。アクティブ（積極運用）型と呼ばれる上場投資信託（ＥＴＦ）だ。アクティブ型ＥＴＦは、特定の指数に連動しない投資信託で、銘柄選びなど運用担当者の目利き力や、企業との対話力などが重視される。

世界のアクティブ型ＥＴＦ市場は急拡大している。英調査会社のＥＴＦＧＩによると、世界のアクティブ型ＥＴＦの総資産残高は、２０２３年7月末時点で６２８０億ドル（約90兆円）。40カ月連続で資産流入が続いている。

「組み入れられると恥ずかしい」投信

23年9月7日の上場解禁とともに運用が始まった国内アクティブ型ETFで、「PBR1倍割れ解消推進ETF」が注目を集めている。国内の独立系運用会社のシンプレクス・アセット・マネジメントが運用する。

投資銘柄は、PBRが1倍を下回る国内460銘柄である。三菱UFJフィナンシャル・グループ、ホンダ、住友商事などを組み込んでいる。23年9月7日に2億円だった純資産総額は、同月内に150億円を超え、10月15日時点で173億円になった。同社運用本

低PBR企業に注目した上場投資信託が登場

部の棟田響マネージング・ディレクターは、「上場初日から予想していた以上の反響があった」と驚く。

同社が注目したのが、東証が23年3月に上場企業の経営者に向けて出した「PBR1倍超」の要請だ。23年3月末時点でPBRが1倍を下回る企業は約1800社ある。要請を受けてこれら企業がPBR向上に動けば、株価の向上が予想される。この動きをリターンにつなげる戦略である。

リターン獲得の要としているのが、投資先企業との対話だ。割安な状態を放置している経営陣に改善を促す。改善が見られなければ、経営者に対する議決権行使で否決を投じるなどの構えを見せる。

対話のテーマは、政策保有株式、遊休資産、赤字事業の売却などである。これらの解消を株価向上につなげていく。IR（投資家向け広報）の内容やタイミングなどにも踏み込んで提案・助言する。

棟田ディレクターは、「経営者に『組み入れられると恥ずかしい』と思われるような投資信託にしたい。総資産総額1000億円を目指す」と意気込む。

PBR向上の対話設定

フィデリティ投信は、低PBR企業を投資対象とし、企業との対話によってリターン獲得を狙う「フィデリティ・日本バリューアップ・ファンド」の運用を23年9月19日に開始した。23年10月13日時点の純資産総額は70億円である。中長期で東証株価指数（TOPIX）を上回るパフォーマンスを目指している。

投資対象は、対話によって株価の向上が見込めると判断した国内30～50銘柄である。オリックス、東洋製罐グループホールディングス、総合電線メーカーのSWCCなどを投資ウエートの上位に置いており、この3社のPBRはいずれも1倍未満である。

同社が企業との対話でテーマとしているのが、「資本効率」「規律ある経営」「成長力」の3つだ。この3つのテーマはいずれも、PBR向上のキーワードになっている。

PBRを向上させるには、ROE（自己資本利益率）とPER（株価収益率）の向上が必要となる。

ROE向上のための対話テーマが「資本効率」である。事業ポートフォリオが稼げる構成となっているかや、サステナビリティの強化によって持続的に収益を生み出せるかなど、対話で追求していく。

一方、PER向上の対話テーマが「規律ある経営」と「成長率」だ。

「規律ある経営」で注目するのは、ガバナンスや情報開示である。経営陣が投資家から信頼を得られていると判断されれば、投資家が企業に求めるリターンである資本コストが低下し、株価は向上する。

将来の成長期待である「成長力」にも注目する。利益成長率を高めていくための競争優位性は何か、新たな事業に挑戦する企業風土を醸成しているかといった話題について、経営者に問う。

フィデリティ投信運用本部の井川智洋ヘッド・オブ・エンゲージメントは、「対話でグローバルの視点に立って見たときの課題などの気付きを経営者にもたらし、それをリターンにつなげていく」と話す。

PBR1倍割れ企業に対して、

■ フィデリティ投信は対話を重視

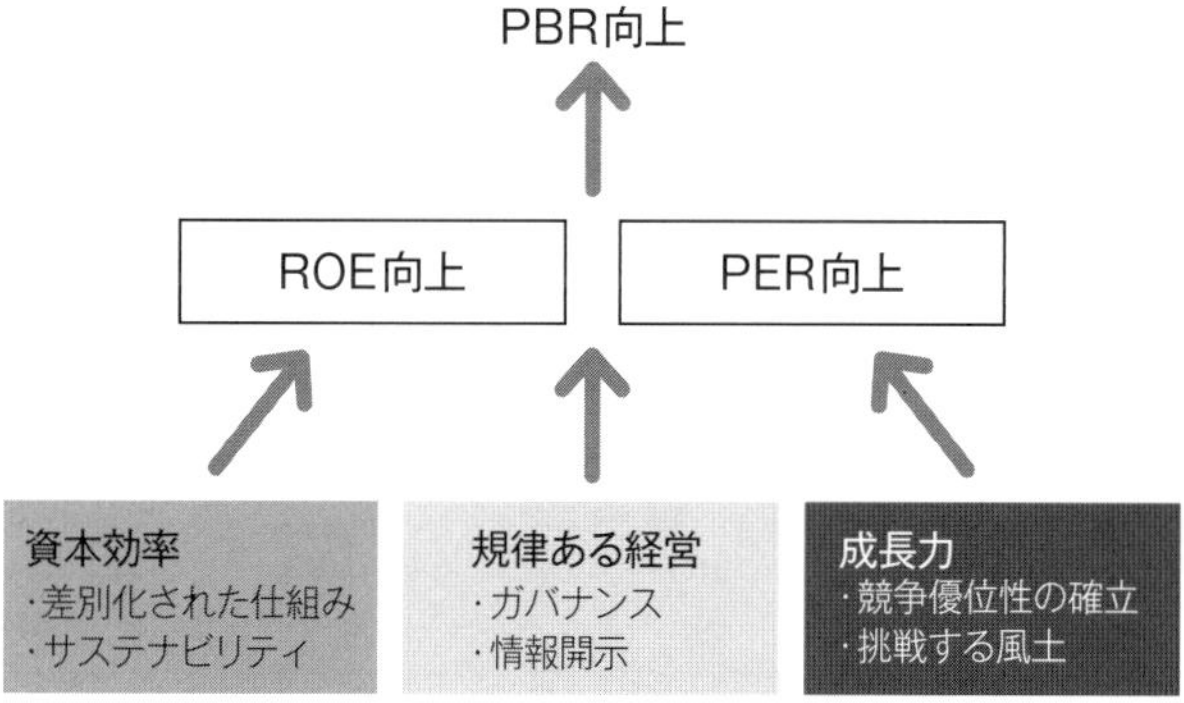

PBR：株価純資産倍率　ROE：自己資本利益率　PER：株価収益率

出所：フィデリティ投信の資料を基に作成

対話や議決権行使の厳しさが増していきそうだ。企業は投資家との対話からPBRを向上させるためのヒントをつかみ、企業価値向上の推進力にしていくべきだ。

優良150社を選定する新指数
銘柄採用が「成績表」に

東京証券取引所が、企業価値の高い150社を選抜する株式指数を開発し、経営者に奮起を促している。

東証のPBR（株価純資産倍率）改善要請は、あくまでも「要請」であるため、実効性には疑問符が付く。そんな中、これらの要請に応えて結果を出す企業を選定する新たな株価指数を打ち出した。日本取引所グループが2023年7月から運用を開始した「ＪＰＸプライム１５０指数」である。

欧米の主要指数の水準に

新指数のコンセプトは、「価値創造が推定される我が国を代表する企業で構成される指数」である。構成銘柄は、ＲＯＥ（自己資本利益率）から資本コストを引いた「エクイティスプレッド」の上位75社を選ぶ。さらに、この75社を除いた企業の中からＰＢＲが1倍を超える時価総額の上位75社を選ぶ。毎年8月初旬に１５０社を公表し、構成銘柄を入れ替える。構成銘柄１５０社の時価総額合計は、約３５０兆円の見込みである。

この新指数を海外の主要な株式指数と比べてみると、新指数の狙いが見えてくる。

「ＰＢＲ1倍以上」の銘柄の割合に注目すると、新指数は87％であるのに対して、米国のS&P500は89%、欧州のSTOXX600は75%である。「ROE12%以上」の銘柄は、新指数が65%なのに対し、米S&P500は66%、STOXX600が62%である。新指数は、欧米の主要指数と肩を並べる水準といえる。

新指数150社の平均時価総額は2・4兆円である。対して、S&P500は9・2兆円、STOXX600は2・8兆円である。米国の主要企業と比べると「小粒」だが、欧州の主要企業並みの企業がそろっているといえる。

新指数を開発したJPX総研の高橋直也インデックスビジネス・クライアントサービス担当執行役員は、「国内投資家だけでなく、海外投資家にも活用を求めていく」と狙いを話す。今後、国内外の資産運用会社に指数に連動する投資信託の開発を促し、世界の投資マネーを引き寄せたい考えだ。ROEなどに注目した指数には、「JPX日経インデックス400」がある。採用するファンドの運用総額は約3兆円で、新指数も同等の水準が目標となる。

新指数が「成績表」

12年12月28日を基準として新指数とTOPIX（東証株価指数）を比べたところ、17年末～22年末の直近5年間のリターンは、TOPIXが0・8％だったのに対して、新指数では2・1％だった。

パフォーマンスの推移を見ると、特に19年前後からTOPIXを上回るリターンを獲得している。JPX総研の高橋氏は、「構成銘柄は大型・グロース株が中心となる。この相場で強さを見せた」と分析する。

PBRなどが優れた150社を投資対象とする上場投資信託（ETF）

企業にとってみると、この新指数への銘柄採用が、1つの「成績表」となる。日本を代表する価値創造企業として選ばれる150社はどこか。国内外の投資家が目を光らせる。


本章は、『日経ESG』の記事を基に再構成した。数値や肩書などは掲載時のものである。

『日経ESG』2023年6月号ニュース「東証が3300社に異例の要請」

『日経ESG』2023年12月号ニュース「新型投信がPBR向上を後押し」

8

キーパーソンに聞く

元オムロン取締役・安藤 聡氏
株価の放置は責任放棄

ＰＢＲ（株価純資産倍率）にまつわるキーパーソンのインタビューをお送りする。まずは、東京証券取引所の「市場区分の見直しに関するフォローアップ会議」でＰＢＲの議論を主導した、元オムロン取締役の安藤聡氏だ。

安藤氏は、長年オムロンのＩＲ（投資家向け広報）を担ってきた。オムロン在任中の株価は10年間で約4倍になり、同社の企業価値向上の立役者といえる。東証のフォローアップ会議では、企業のＰＢＲ改善の必要性を訴えた。財務、ＩＲ、ＥＳＧを知り尽くした安藤氏に、ＰＢＲ向上の秘訣を聞いた。

安藤 聡氏：元オムロン取締役。東京銀行（現三菱UFJ銀行）を経て2007年にオムロン入社。経営IR室長、グローバルIR・コーポレートコミュニケーション本部長などを経て取締役に。23年6月にオムロン退社。22年に東証「市場区分の見直しに関するフォローアップ会議」メンバーに就任
写真：清水 真帆呂

ＰＢＲ１倍割れにメス

――東証のフォローアップ会議では、企業の立場から積極的に発言している。

安藤氏（以下、敬称略）　日本企業に対する評価は低く、もっと評価されるべきだと感じている。私はオムロンでＩＲ全般を担当し、国内外の多くの投資家と対話してきた。この経験が役に立てばと思い、メンバーを引き受けた。

２０２２年７月の初会合で、「ＰＢＲ１倍割れの企業が多いことにメスを入れない限り意味がない」と発言した。自動車や銀行をはじめ、日本の成長を担う産業でＰＢＲ１倍割れが続いている。改善する矜持を経営者が見せないと、投資家から見捨てられていくという危惧があった。

一方で、取締役会でＰＢＲについて議論しているという企業がほとんどないという状況だった。経営者が、不都合な真実から目を背けているように見える。

「株価はコントロールできないので気にすべきでない」と主張する経営者がいる

が、この考え方は間違っている。経営者は株価や配当で株主に報いる責任があり、株価の放置はその責任を放棄している。経営者は、中長期を意識した株価向上策を実行する必要がある。

日本では15年にコーポレートガバナンス・コードができ、経営者の指南書として機能を発揮してきた。しかし、限界も見えてきた。経営の一挙手一投足を指示する指針では、経営者のマインドは変わらない。優れた経営には自律性がある。

東証のPBR改善要請は、これまで当たり前だと思ってやってきた経営を疑い、見直すきっかけにしてほしい。惰性の経営を打破し、自ら改革を実践し、投資家の評価が得られれば、PBRは向上する。

IR強化は企業価値への投資

——企業がPBRを上げるには何をすべきか。

安藤　PBRは、ROE（自己資本利益率）とPER（株価収益率）に分解できる。

ＲＯＥは、企業の自助努力で改善できる。

日本企業の課題といえるのがＰＥＲの向上だ。ＰＥＲは、企業の成長期待に対する投資家の評価が反映される。長期の時間軸を意識した持続的な企業価値創造を目指す必要がある。

ＰＥＲ向上には、情報開示とＩＲの強化が欠かせない。これらをコストではなく投資として認識し、必要な経営資源を投入すれば、ＰＥＲが上がり、ＰＢＲも上がる。

積極的なＩＲは、投資家が要求するリターンである資本コストを低減できる。オムロンでは積極的なＩＲによって資本コストを1～2ポイント引き下げる効果があったと考えている。これが企業価値を高め、株価とＰＢＲの向上につながった。株価のボラティリティ（変動率）を抑える効果もある。企業にネガティブな事象が発生したときに、株価の早い戻りが期待できる。

戦略的なＩＲは、経営を強化するための気付きも得られる。オムロンの投資家

対話では、最初の10分間をもらい、オムロンが目指す経営を説明させてもらってい
た。すると、形式的な一問一答になりがちな対話が、驚くほど変わる。

「投資家が主、企業は従」「株主は選べない」と考えている経営者は多いかもしれ
ない。こうしたスタンスは変えるべきだ。経営者は、株主を選ぶ努力をすべきであ
る。自社の経営理念に合った投資家を選び、能動的にアプローチしていく。企業
も投資家も対等だ。企業もステークホルダーを選ぶという意識を持つことで、緊
張感のあるガバナンスが実践でき、これが企業価値の向上につながっていく。

ＲＯＥが８％を超える企業が増えてきた。しかし、これだけをもって「自社はよ
くやっている」と自己肯定し、思考停止に陥っていないだろうか。利益は出ている
が株価が上がらないという企業の経営者は、自社の戦略や施策が投資家に伝わり、
成長期待が醸成されているか、自問自答してほしい。

ＥＳＧは将来価値をつくる

――ＥＳＧの取り組みをＰＢＲ向上につなげるには。

安藤　ＥＳＧの取り組みを頑張っていても、直近の株価に効果がないこともある。ＥＳＧと株価に相関関係はあるだろうが、因果関係とまでは言えない。

しかし、経営者が本気でＥＳＧを実践し、投資家に効果を伝える努力をすれば、投資家はそのＥＳＧの取り組みを企業評価に織り込み、株価とＰＢＲは向上する。短期の業績や株価はもちろん大事だが、ＥＳＧに関しては、「やるべきことを今やる」という長期的な目線が必要だ。

持続的な成長を目指す「サステナビリティ経営」を実践するポイントは、企業理念、ＲＯＩＣ（投下資本利益率）、ＥＳＧという3つの要素だ。何から手を着ければよいか悩んでいる経営者は、まずはこの3つを信じて議論してみてほしい。

［インタビューを終えて］

「企業の立場にもかかわらず、企業に厳しい要求をしてよいのか」。東証からメンバー就任の声がかかったとき、悩んだと語る。「やる気になれば企業価値は上がる」。その確固たる気持ちと自信が、自らの背中を押した。自身の熱を伝え、日本の経営者の心に火をつけたい。安藤氏が発する言葉に、そんな気持ちがこもっていた。

東京都立大学教授・松田 千恵子氏
その経営戦略で勝てるのか

東京証券取引所のＰＢＲ（株価純資産倍率）改善要請の背景には、企業のコーポレートガバナンス・コード対応の行き詰まりがある。企業のガバナンス対策が、コード対応からＰＢＲ向上に移ってきた。形式から結果を重視するガバナンスだ。ＰＢＲを上げるガバナンスには何が必要か。企業にガバナンスを助言し、自ら社外取締役としても活躍する東京都立大学教授の松田千恵子氏に聞いた。

細かな対応には限界

――ガバナンス強化の要請が、コード対応からＰＢＲ向上に移っている。

松田氏（以下、敬称略）　ＰＢＲ1倍という上場企業のルールのようなものができ

松田 千恵子氏：東京都立大学大学院経営学研究科教授。日本長期信用銀行、ムーディーズジャパン格付けアナリスト、国内外戦略コンサルティングファームパートナーなどを経て、2011年より現職。上場企業の社外取締役を務める。『日経ESG』連載「学び直し講座コーポレートガバナンス」の筆者。著書に『サステナブル経営とコーポレートガバナンスの進化』（日経BP）など

た。経営者にとっては大きな衝撃があったかもしれない。

これはポジティブな動きと捉えている。２０１５年にコーポレートガバナンス・コードが登場し、改訂を経てコードの細則化が進んできた。コードの数は今や83項目に上る。

社外取締役の増員など大きな進展があった一方で、全てのコードを順守（フルコンプライ）していればよく、ガバナンスが企業価値の向上に結びついていないという問題に突き当たっていた。これ以上のコードの細則化は意味がないだろう。

ＰＢＲというと財務部門が対応する話だと思う経営者もいるかもしれないが、それは間違っている。ＰＢＲのＰはプライス（株価）で、それは資本市場が決める。企業価値を上げるには株価を上げる必要がある。つまりＰＢＲは、企価価値を生み出す経営そのものの話である。「株価は上がろうが下がろうが、私がやっている経営には関係ない」と思っている経営者は、上場の意味を問い直してほしい。

ＰＢＲが1倍を超えていればよいというわけではない。ＰＢＲの水準は業種や企業の成長段階などによって異なる。何倍まで上げればいいのかは、自社で探ることになる。自社が掲げる成長ストーリーが株主や投資家に支持を得られており、それに応える経営ができているか、市場の声と自問で評価すべきだ。

戦略議論2～3割では不十分

――PBRを上げるガバナンスとは、どのようなガバナンスか。

松田　PBR1倍割れの経営者からそのような相談があったとして、最初に私が経営者に問うのは、「取締役会で経営戦略の議論をしていますか」である。ここがガバナンスの要であり、経営の要である。

企業が成長するための経営戦略がきちんとつくられているだろうか。企業の中期経営計画を見ると、既存事業の数値目標をただ示しただけであることも多い。どの事業のどこに成長の芽を見い出し、それをどうやって伸ばそうとしているか。投資家は知りたいのはそこである。

そこで社外や専門の視点を持つ社外取締役によるガバナンスが発揮される。成長するための事業ポートフォリオは今のままで十分か、利益が出ない事業を抱え続けていないか、成長投資のための資金や人材はどうするのかなど、議論が深まっていくはずだ。ＰＢＲ向上のためには、こうして練り上げた経営戦略を市場にしっかり説明して、理解してもらう必要がある。その評価が、株価として表れる。

取締役会で経営戦略の議論をしていても、議論の割合はせいぜい2～3割だったりする企業も多いだろう。私は取締役会の7～8割を経営戦略の議論に費やしてもよいと思っている。

社外取締役は、経営のモニタリングも重要な役割だ。モニタリングするには、そのための戦略や計画に合意していることが前提となる。会社の目指すところがしっかり定まっており、それに沿った勝てる経営戦略がつくれているか。サステナビリティの視点は、こうした議論の中に組み込まれるべきである。

ＰＢＲとガバナンスの関係が遠いと感じる経営者もいるかもしれない。そう感じるのは、取締役会で経営戦略を踏まえた企業価値向上の議論ができていないからだ。

年々歳々、企業価値を蓄積

――ＰＢＲを高めるために、経営者にどのような意識が必要か。

松田　資本市場をしっかりと意識する必要がある。例えば、「収益性」という言葉から何を想像するだろうか。「営業利益率」かもしれない。しかし投資家が「収益性を高めてください」と言うときは、投資金額におけるリターンであるＲＯＥ（自己資本利益率）やＲＯＩＣ（投下資本利益率）のことを指す。市場への意識があれば、株主資本コストを上回るＲＯＥを出す必要があるということも理解できる。

ＲＯＥを高めるために自社株買いや増配をする手もあるが、それが利益創出による還元なのか、ＰＢＲ向上のための小手先なのか、アクティビストは目を光らせている。自分たちの経営の目指すところや経営戦略を示し、中長期的な成長ストーリーを支持してくれる株主をつかまえる努力も必要になってくる。

いくら優れたガバナンスを構築しても、投資家から失望されれば株価は下がり、PBRも下がる。市場の声に耳を傾けながら期待に応え、年々歳々、企業価値が蓄積されて高まっていくような経営が理想である。そのためには、ガバナンスに応えるためのマネジメント改革も欠かせない。

【インタビューを終えて】

柔らかな語り口から出てくるはっきりとした指摘や助言が、松田氏の真骨頂だ。いつも優しい言葉で脳天を打ち抜かれたような衝撃を受ける。ガバナンスに求められる要素は多く、何から手を着ければよいか分からない経営者もいるだろう。まずは社外取締役も含めて経営戦略を徹底的に議論すべきだ。その戦略で勝てるのか――。PBRを上げるガバナンスの要諦がそこにある。

早稲田大学客員教授・柳 良平氏
日本企業にＥＳＧの潜在価値

早稲田大学客員教授でアビームコンサルティング　エグゼクティブアドバイザーの柳良平氏は、前職でエーザイのＣＦＯ（最高財務責任者）を務めながらＥＳＧと企業価値の関係について実証研究を進めてきた。ＥＳＧと企業価値の関連性を示す「柳モデル」を提唱し、同モデルを使ってＥＳＧの価値を示す企業が広がっている。ＥＳＧをＰＢＲ向上に結びつけるには何をすればよいか。柳氏に聞いた。

1倍割れは最後通牒

――企業価値向上の指標として、以前からＰＢＲに着目していた。

柳氏（以下、敬称略）　企業の純資産を上回る価値はＥＳＧを含む非財務資本によってもたらされた価値と捉えることができる。つまりPBR1倍超の部分がESGの価値だ。

ここに不都合な真実がある。2024年3月時点の日本の主要企業の平均PBRは1・4倍である。英国は同2倍、米国は同3〜4倍である。つまり、日本企業はESGによって企業価値を創出できていない。ESGに取り組んでいる日本企業は多いが、それが評価されていないと感じていた。

東京証券取引所のPBR1倍超の要請は、大いに評価している。PBRは投資家には身近な指標で分かりやすい。1倍という基準は企業にとってもシンプルで分かりやすい指標といえる。PBR1倍割れの企業は、市場で価値をつくれておらず、上場廃止の最後通牒を突きつけられている状態だ。

24年3月に日経平均株価が史上初めて4万円を突破した。経済のマクロ要因は様々あるが、世界の取引市場を見ても類がないこの要請が、経営者に奮起を促し、

柳 良平氏：早稲田大学大学院会計研究科客員教授。アビームコンサルティングエグゼクティブアドバイザー。銀行支店長、メーカーIR・財務部長、UBS証券エグゼクティブディレクター、エーザイ専務執行役CFO（最高財務責任者）を経て現職。ESGと企業価値の関係性を示す「柳モデル」を提唱・実践する
写真：中島 正之

投資家の期待を高めているのは確かだろう。

PBRは、企業がコントロールできない株価の要素が入っている。そのため、企業と投資家の対話が重要になる。投資家に事業戦略やESGを説明する努力をする一方、投資家の要求にも耳を傾けて経営のヒントを得る。こうした緊張感のある関係性が欠かせない。

投資家への説得力が増す

――企業がPBRを高めるために、何をすべきか。

柳　3つのことを意識するのがよいだろう。まずは稼ぐ力を高める、次にエクイティスプレッドを高める、そして非財務の取り組みの定量化である。

最初に意識すべきは利益の創出だ。効率的に稼ぐ力を高めていく必要がある。これがROE（自己資本利益率）の向上につながる。

次がエクイティスプレッドだ。エクイティスプレッドは、ROEから株主資本コストを引いたものである。ＰＢＲを1倍超にするにはエクイティスプレッドをプラスにする必要がある。

株主資本コストは、投資家が企業に要求するリターンである。かつては日本企業の多くが銀行からの資金調達に頼ってきた経緯があり、株主資本コストへの意識が薄い。株主資本コストの概念をしっかり押さえてほしい。

私は毎年、世界の主要な海外投資家にアンケートをとっている。一般に日本株にどれくらいの株主資本コストを想定しているかを聞いたところ、平均は８％前後である。ＰＢＲを上げるには、８％を超えるＲＯＥが必要である。

そして、非財務の取り組みの定量化だ。エーザイでは、ＥＳＧの取り組みが何年後にどれだけＰＢＲの向上につながるかを調べた。人件費を1割増やすと5年後のＰＢＲが13・８％上がる、女性管理職比率が1割改善すると7年後のＰＢＲが２・４％上がるなどの関係性が見えてきた。あくまでもＥＳＧの取り組みとＰＢＲの相関性の強さを調べたものではあるが、こうしたデータを用いて投資家と対話すると、投資家への説得力が増す。

同様の分析にはＥＳＧデータの収集や分析ノウハウなどが必要となるが、エーザイ、日清食品ホールディングス、ＫＤＤＩ、ＮＥＣなど、分析結果を開示する企業が増えてきている。これらと同じ業種の企業は、結果を自社に照らし合わせてみるだけでも参考になる。ＥＳＧのどの取り組みを強化すべきかという判断に役立つだろう。

日経平均株価５万円超も

――ＥＳＧの実践で心がけるべきことは何か。

柳　ＥＳＧを企業価値につなげるには、長期的な思考が欠かせない。人件費や研究開発費への投資は、短期的にはコストになる。これを投資家がネガティブ材料と判断すれば、短期的な企業価値は下がる。そこで大切なのが、投資家への積極的な情報発信と対話だ。

ＥＳＧの取り組みが将来的な企業価値につながることを訴え、それを対話で繰り返し説明することで、ＥＳＧとＰＢＲの相関関係を因果関係にしていく。そうした気持ちで投資家にアピールすることが大切である。長期的かつ持続的な企業価値向上を重視する長期投資家は興味を持ち、将来への投資について応援してくれる。

ＥＳＧと企業価値の関係性の証明と積極的な投資家対話により、日本企業の平均ＰＢＲは欧州並みの２倍を目指せると思っている。このとき日経平均株価は、５万円を超えるだろう。日本企業には、それだけの潜在価値がある。

【インタビューを終えて】

ＥＳＧは将来のための取り組みであることが一般的だ。そのため、ＥＳＧの業務と企業価値のつながりが見えにくく、日々の業務の推進には胆力が必要となる。柳氏の話は、ＥＳＧが企業価値につながっていることを実感でき、元気が出てくるのではないだろうか。

日本企業にはまだまだ潜在力がある。日本企業の価値向上は、ＥＳＧ経営のさらなる進化と訴求が鍵を握っている。

第8章　キーパーソンに聞く

本章は、『日経ＥＳＧ』の記事を基に再構成した。数値や肩書などは掲載時のものである。

『日経ＥＳＧ』２０２４年2月号連載「学び直し講座 企業価値向上に活かすＰＢＲ」

おわりに

本書を読んでいただいた皆様、ありがとうございました。

説明が足りないと思ったところや、もっと突っ込んでほしいと思ったところなどがあったかもしれない。「こういった視点も欠かせない」「自社ではこんなことをやっている」など、ご指摘やご感想をいただければと思っている。

実際は、この本に書いてあることだけで企業価値が上がるわけではないだろう。業種や企業の成長段階によって戦略は違ってくる。経済やビジネストレンドも刻々と変わる。本書は、企業価値を上げるために、「経営者にこれだけは知っておいてほしい」と思ったことを盛り込んだ。

経営は進化して変わっていくものだが、時代を超えて変わらない本質もある。

その本質こそ「企業価値向上」だ。この意味や手法が押さえられれば、業績を評価するとき、投資家と対話するとき、次の経営戦略を考えるときなど、他人に借りた知識ではなく、自身の頭と心が反応してくれるだろう。

「御社のPBRについて評価してください」。こうした声に応じて取材を受け、書籍への掲載を了承いただいた企業とその担当者に感謝を申し上げる。特に、PBR1倍割れの企業は、取材を受けるかどうか、ためらったのではないだろうか。「取材でお話ししたどのあたりを書きますか」「どういう論調の記事になりますか」。取材後にこのように聞かれることが、いつも以上に多かった。覚悟を決めて話してくれた内容から気持ちを受け取り、多くの日本企業が困っているであろう悩みを見つけて解決策のヒントを探り、それを記事にしたつもりである。返信するメールの末筆にはよく、「御社と日本企業の価値向上に資すれば幸いです」と記した。その気持ちは今も、おそらくこの先も、変わらない。

日本の企業価値向上は、我々のような経済メディアもその一端を担っていると感じる。多くの経営者が困っている課題を見つけ、解決策を探り、分かりやすい言葉でそれらを提供するのがメディアの役割だ。会計や財務、コンサルティングなどの知識は専門家に及ばないが、「分かりやすく伝える」「情報共有で日本全体を底上げする」というメディアの役割が発揮できていれば嬉しい。

企業のケース分析では、ＰＢＲをＲＯＥとＰＥＲに分解して課題を探る手法を基本にしたが、これとは異なる視点を使った分析手法もあるだろう。財務、ＩＲ、サステナビリティ、ガバナンス、人事など、それぞれの専門家が見ると、また異なるポイントがあるかもしれない。本書を読んだ各分野の専門家から、指摘や助言をいただければと思っている。

書籍の制作とデザインをしていただいた日経ＢＰコンサルティングの皆さんに感謝を申し上げる。社内の書籍関連の部署にもたくさん助言していただいた。

書籍発行を後押ししてくれた『日経ＥＳＧ』の同僚にもあらためて感謝したい。毎週の編集会議で、「この企業ならここを聞いた方がいい」といった意見に助けられ、「このタイトルは多くの人に読んでもらえそう」などの何気ない発言に勇気づけられた。

私がＰＢＲに関心を持ったのは、ＥＳＧという非財務の取り組みが、企業価値に結びつくのかという疑問があったからだと思っている。環境・社会・ガバナンスなどは将来のための取り組みであり、「今やっていることは役に立つのか」と思いながら業務をこなしている人もいるのではないだろうか。今、自分がやっていることが将来の価値に結びつき、それが現在の企業価値につながっていることが分かると、仕事のやりがいも高まる。

今後ＰＢＲは、企業を評価する物差しになり、経営者に企業価値向上を後押しするものになっていくだろう。ＥＳＧも、実践・開示の有無から、企業価値という結果を重視する段階に入ってきたと感じる。ＥＳＧをはじめとする非財務の取り組みを、貪欲にＰＢＲにつなげていくという意識が必要だ。

今後、雑誌やウェブサイト、セミナーなどで、「こんな取り組みがＰＢＲ向上につながった」「この企業がこれだけ企業価値を高めた」など、たくさんの日本企業の成功事例を紹介できることを期待している。経営者のさらなる奮闘と、企業価値のさらなる向上を信じている。

御社と日本企業の価値向上に資すれば幸いだ。

２０２４年４月

半澤　智

半澤 智（はんざわ・さとし）
日経BP「日経ESG」副編集長。2010年から「日経エコロジー」（現、日経ESG）編集部。コーポレートガバナンスとファイナンス分野を担当し、ESGを活用して企業価値を向上させる取り組みを発信する。

PBR革命

ESGも情報開示も価値に変える
新しい経営の指標

2024年5月13日　第1版1刷発行

著　者　　半澤 智
発行者　　松井 健
発　行　　株式会社日経BP
発　売　　株式会社日経BPマーケティング
　　　　　〒105-8308　東京都港区虎ノ門4-3-12
デザイン　中島 清史（株式会社日経BPコンサルティング）
制　作　　株式会社日経BPコンサルティング
印刷・製本　図書印刷株式会社

ISBN978-4-296-20494-6

本書籍に関するお問い合わせ、ご連絡は下記にて承ります。
https://nkbp.jp/booksQA